Handbuch für das Rennrudern

Planung - Training - Leistung

Für Vreni und ihre Geduld und Nachsicht für mein Engagement im Leistungsrudern

Fotonachweis:

Horst Müller
Rainer Empacher
Wolfgang Fritsch
Günther Beutter

Dr. Wolfgang Fritsch

Handbuch für das Rennrudern

Planung – Training – Leistung

Meyer & Meyer Verlag

CIP-Titelaufnahme der Deutschen Bibliothek

Fritsch, Wolfgang:
Handbuch für das Rennrudern: Planung - Training - Leistung /
Wolfgang Fritsch.-
Aachen: Meyer u. Meyer, 1990
ISBN 3-89124-084-8

Einbandgestaltung: F.-J. Mehlkopp, Schwalmtal
Foto Titelseite: Jahres-Sportkalender 1990, Sportverlag DDR
Satz: Times New Roman / Fotosatz + EDV-Bürosatz J. Velz KG, Aachen
Druck: Druckerei Queck, Jüchen
Printed in Germany 1990

Inhaltsverzeichnis

Einleitung 8

1. TEIL: Voraussetzungen eines effektiven Rudertrainings

I. Ziele und Anforderungen im Rennrudern 11
1. Trainingsbereiche im Leistungsrudern 11
2. Die Steuerung sportlicher Hochleistung 15

II. Physiologische und anthropometrische Voraussetzungen des Ruderwettkampfs 19
1. Vorbedingungen und Entwicklungen 19
2. Befunde physiologischer Leistungsmessung im Rudern . . . 22
3. Die maximale Sauerstoffaufnahme 25
4. Muskelfasertypen 26
5. Aerobe und anaerobe Schwelle 28

2. TEIL: Struktur des Rudertrainings

I. Methodik des Rudertrainings 31
1. Zur Strukturierung des Rudertrainings 32
Trainingsformen im Rudern 32
Trainingsmittel im Rudern 38
Trainingsmethoden im Rudern 40
2. Die Entwicklung der physischen Leistungsfaktoren 41

II. Das Konzept der speziellen Ausdauer 44
1. Die spezielle Ausdauer als Bezugspunkt im Rennrudern . . 44
2. Die Kategorisierung der Belastungen 46
3. Die Belastungsstruktur des Rudertrainings 46

III. Die Entwicklung der physischen Leistungsfaktoren 55
1. Die Entwicklung der aeroben Ausdauer 55
Grundlagenausdauer 56
Die Gestaltung der Trainingsinhalte 57
2. Krafttraining im Rennrudern 67
Zielsetzungen des Krafttrainings 67
Methoden des Krafttrainings 75
Anteile der Erscheinungsformen des Krafttrainings im Gesamttrainingsprozeß 76
Verteilung des Krafttrainings im Jahreszyklus 77
Grundsätze zur Durchführung des Krafttrainings 78
3. Die Entwicklung der Schnelligkeit im Rudern 79
Erscheinungsformen der Schnelligkeit 79
Mittel und Methoden des Schnelligkeitstrainings im Rudern 81
Kontrollmöglichkeiten der Schnelligkeit im Rudern . . . 84

IV. Zur Entwicklung rudertechnischer Fertigkeiten 85
1. Funktionen einer Rudertechnik 85
2. Leitvorstellungen einer Rudertechnik 87
3. Struktur des Ruderschlages 90
4. Stilstudien von Bewegungsabläufen 103
5. Methodische Leitsätze zur Verbesserung der Ruderbewegung 131
Vielfalt der Bewegungsanforderungen 131
Bewegungsvorstellungen und Korrekturen 132
Aufgabenbezogenheit 134
Die Einheit von Bewegungsausführung und Kondition 137

3. TEIL: Wege und Vorgaben eines Leistungsaufbaus im Spitzenrudern

I. Der langfristige Trainingsaufbau 138
1. Die langfristige Wettkampfstruktur 138
2. Trainingskennziffern 140

II. Die Jahresplanung 143
1. Die Maßnahmen einer Jahresplanung 143
2. Die Einteilung der Jahrestrainingsetappen 144
3. Zur Periodisierung des Rudertrainings 152
4. Der Wochentrainingsplan 153

III. Kontrollverfahren zur Leistungsoptimierung 157
1. Die Dokumentation des Trainings 158
2. Sportmotorische Testverfahren 162
3. Sportmedizinische Test- und Kontrollverfahren 163
4. Möglichkeiten der Trainingsüberwachung. 165

IV. Die Vorbereitung auf die Ruderwettkämpfe. 169
1. Die mittelfristige Vorbereitung auf die Wettkämpfe 169
2. Die kurzfristige Wettkampfvorbereitung 170
3. Die unmittelbare Wettkampfvorbereitung. 171
4. Die spezifische Aufwärmarbeit vor dem Rennen 171
5. Taktische Modelle im Rennrudern 174

Anhang 177

Literaturhinweise 181

Einleitung

Ein Handbuch über das Rennrudern zu verfassen ist kein leichtes Unterfangen. Die Entwicklungen im Spitzensport schreiten in jeder Sportart enorm voran; die Darstellungen der Erkenntnisse für das Rudertraining können oftmals kaum mit der leistungssportlichen Realität Schritt halten. Dennoch soll mit diesem Handbuch der Versuch unternommen werden, einerseits den Kenntnisstand – soweit er für den Trainer von Rennmannschaften bedeutsam erscheint – in systematisierter Form darzustellen, andererseits auch eine Methode zur Planung und Gestaltung des Rudertrainings vorzuschlagen. Der Aufbau und die Gliederung ist im folgenden dementsprechend angelegt und erhebt für sich den Anspruch, die notwendigen Schritte einer Planung, Durchführung und Steuerung des Rudertrainings nachzuvollziehen, um damit – entgegen der eher kurzlebigeren Erkenntnislage in den Teilbereichen des Trainings – einen Leitfaden für das Trainerhandeln vorzustellen.
Das vorliegende Handbuch für das Rennrudern kann und soll keine „Kochrezepte“ für ein erfolgreiches Rennrudertraining bieten. Zum einen sind Rezepte wenig hilfreich, je höher das Leistungsniveau der Rennruderer ist. Zum zweiten soll durch die Darstellungen und Ausführungen auch erreicht werden, daß die Leser, insbesondere die im Rennrudern aktiven Trainer, angeregt werden, ihren eigenen Weg zum Erfolg mit ihren Mannschaften zu finden.
Ich bin mir dessen bewußt, daß man ein Handbuch zum Rudertraining und zum Rennrudern auch immer hätte anders machen, der eine oder andere Aspekt noch ausführlicher hätte dargestellt werden können, oder diese und jene Darstellung zu sehr ins Detail geht. Sportliches Spitzentraining ist trotz allgemeinübergreifender Merkmale auch immer eine Frage der Persönlichkeit des Trainers und seiner Ruderer und dies im besonderen Maße, je höher das Leistungsniveau der betreuten Sportler ist. Jeder Trainer favorisiert für seine Trainingsplanung und Durchführung subjektiv bedeutsame Faktoren und legt auf den einen Bereich oder das andere Merkmal mehr Wert als andere Trainer. Aufgrund mehrjähriger Erfahrungen als Trainer von Spitzenruderern haben sich auch in meiner Trainingsarbeit Schwerpunkte entwickelt, von denen ich überzeugt bin, daß sie für die positive Leistungsentwicklung der Athleten bedeutsamer erscheinen als andere. Diese subjektiven Schwerpunktsetzungen sollen durch eine gewisse Systematik in der Darstellung

ausgeglichen werden. Das verwendete und dargebotene Material soll dabei in erster Linie zur anschaulichen Erläuterung und zum Verständnis des Leistungstrainings im Spitzenrudern dienen.
Mit diesem Buch möchte ich mich in erster Linie an die vielen im Rennrudersport engagierten Trainer und Ruderer wenden, denke aber auch, daß Sportlehrer und Sportstudierende und nicht zuletzt Funktionäre von dem Handbuch profitieren können. Sollten nach der Lektüre der Kenntnisstand zum Training von Rudermannschaften erhöht, neue Ideen entwickelt, die eigene konkrete Trainerpraxis überdacht, oder auch nur mehr Verständnis für die Arbeit des Rudertrainers und Einblick in das erforderliche Engagement der aktiven Ruderer gewonnen werden, wäre mein Ziel erreicht.
Das vorliegende Handbuch für das Rennrudern setzt einige trainingswissenschaftliche Grundkenntnisse und Einblicke in das Rennrudern

Abb. 1:
Höchste Konzentration und maximaler Krafteinsatz bei den Startschlägen eines Vierers.

voraus. Soweit es die spezifischen Begriffe und theoretischen Grundlagen angeht, wurden sie im „Handbuch für den Rudersport" bereits erläutert. Dort sind auch Übungs- und Trainingsformen (insbesondere zum Kraft- und Beweglichkeitstraining) dargestellt, auf die in diesem Handbuch zurückgegriffen wird.
Im ersten Teil beschäftigt es sich mit den allgemeinen Anforderungen und Zielsetzungen eines Leistungstrainings im Rudern; der zweite Teil stellt die theoretischen Voraussetzungen und die Strukturelemente des Rudertrainings dar, wobei besonderes Augenmerk auf die im Rudern angewandten Trainingsformen sowie der Entwicklung der erforderlichen physischen Leistungsfaktoren gelegt wird.
Der dritte Teil befaßt sich mit dem langfristigen Leistungsaufbau im Spitzenrudern und der konkreten Saison- und Regattaplanung mit den notwendigen Kontroll- und Steuerungsmaßnahmen, ohne die ein modernes Hochleistungstraining kaum mehr auszukommen vermag. Den Abschluß bilden einige Ausführungen zur Taktik und zur Analyse von Ruderwettkämpfen.
Das Handbuch wäre in dieser Form nicht möglich gewesen ohne die Ruderer der Leichtgewichts-Nationalmannschaft der Jahre 1984 - 1990, ohne deren geduldige Mitarbeit kaum konkrete Daten vorliegen würden und wofür ich mich recht herzlich bedanken möchte. Das gilt auch für die vertrauensvolle Zusammenarbeit mit der Abteilung Sport- und Leistungsmedizin der Universität Ulm. Besonders hervorheben möchte ich dabei folgende Ruderer, Sportmediziner und Studenten: Dr. Wolfgang Birkner, Harald Galster, Björn Gehlsen, Holger Hill, Dr. Jürgen Steinakker und Werner Lormes. Sie haben im Interesse der Sache und während der gemeinsamen Zusammenarbeit eigene Ideen und Auswertungen zu den verschiedensten Themen, die in diesem Buch aufgenommen sind, beigetragen.

1. TEIL:
Voraussetzungen eines effektiven Rudertrainings

I. Ziele und Anforderungen im Rennrudern

Rudern als Wettkampfsport kann unter verschiedenen Zielsetzungen betrieben werden. Es erfordert in allen Fällen eine systematische Vorbereitung, deren Umfang im Vergleich mit anderen Sportarten und vergleichbaren Leistungsebenen relativ hoch ist. Hinzu kommen spezifische physiologische und konstitutionelle Voraussetzungen, die auf internationalem Niveau nur ein geringer Prozentsatz von Menschen – auch in den Leichtgewichtsklassen – mitbringt. Viele Nationalverbände, in deren Händen die Zusammenstellung von international schlagkräftigen Mannschaften liegt, machen sich deshalb auch Gedanken darüber, in welcher Form sie das geringe Potential an *konstitutionell und konditionell begabten und trainingswilligen Ruderern* für sich rekrutieren können, um erfolgreich zu sein (vgl. NILSEN 1988, KÖRNER 1989, FLORESCU 1989).
Rennrudern findet jedoch nicht nur auf internationaler Ebene statt. In den meisten Fällen ist der Verein – in vielen Ländern sind es Universitäten – die Institution, die leistungssportwilligen Ruderern die Voraussetzungen eines Trainings bietet und entsprechend ihren Möglichkeiten ein Leistungstraining auch fördert. Unter *Renn*ruderern werden jene verstanden, die *planmäßig trainieren und ein bestimmtes Saisonziel auf mindestens nationaler Ebene* oder das *Ziel* der altersmäßigen *Entwicklung und Grundlegung* verfolgen.

1. Trainingsbereiche im Leistungsrudern

Die Struktur des Trainings – damit sind die Merkmale der Belastung, des Trainingsumfangs, der Auswahl von Trainingsformen, des sinnvollen Einsatzes von Zeit, Geld und Servicesystemen und Leistungs- und Erwartungsdruck gemeint – ist in erster Linie von der Zielsetzung und dem Trainingsalter der Sportler abhängig. Ein Leistungstraining im Rennrudern kann entsprechend der genannten Unterscheidungsmerkmale in drei Bereiche eingeteilt werden:

1. das Grundlagentraining
2. das Rennrudertraining
3. das Hochleistungstraining

Insbesondere die Problematik im mittel- und langfristigen Leistungsaufbau sowie die Konsequenzen für die Trainingssteuerung sind bei der Unterscheidung in die drei Trainingsbereiche zu berücksichtigen, deren Merkmale in Abbildung 2 gegenübergestellt werden.

Abb. 2: Bereiche des Leistungstrainings im Rudern

	Grundlagentraining	Rennrudertraining	Hochleistungstraining
Zielsetzung	Trainingsvoraussetzungen für Rennruder- oder Hochleistungstraining entwickeln, unter Berücksichtigung der körperlichen, geistigen und sozialen Entwicklung des Sportlers	Voraussetzungen für regelmäßige Regattabesuche schaffen, mit dem Ziel, in einem sinnvollen Verhältnis von Aufwand und Ertrag, regionale und nationale Erfolgserlebnisse zu erringen	Internationaler Erfolg in den angebotenen Bootsklassen
Altersstruktur	14 - 19	18 - 30 (50) kann bis in die Veteranenklasse Zielsetzung sein	18 - 30 (Ausnahmen bestätigen die Regel)
Soziale An- und Einbindung	Dominanz von Ausbildung, Schule und Beruf	Dominanz von Beruf, Studium und Familie	Rudern als zentrale Lebensform (auf Zeit)
Unterstützungssysteme für den Sportler	Eltern, Schule, Verein, Freunde und Freundinnen, Lehrer, Trainer, Sportarzt	Familie, Verein, Freundeskreis, Trainer, Sportarzt	Leistungszentren und Stützpunkte, Sportfördergruppen der Bundeswehr, Verband, Verein, Familie und Freundeskreis, Mäzene, Sponsoren, Trainer, wissenschaftlicher Service; projektbezogene Arbeit
Kadereinbindung	Kader D, Cj	evtl. Kader D, Cs	Kader A, B, Cs
Trainingsaufwand (Std./ Woche)	4 - 12 (altersmäßiger Anstieg, auch in Abhängigkeit zur weiteren Zielsetzung)	8 - 12	12 - 20

Merkmale des Leistungstrainings	Unter Beibehaltung vielfältiger Formen erfolgt eine zunehmende Differenzierung des Trainings in Richtung der spezifischen Anforderungen im Rudern	Entwicklung und Erhaltung der ruderspezifischen Leistungsfähigkeit unter dem Aspekt des Aufwandes und Ertrages	Ausdifferenzierung des Trainings bezüglich Terminvorgaben, Teilzielen und Leistungskennwerten; Einbindung in zentralisierte Selektionssysteme, Steuerungs- und Kontrollmaßnahmen des Verbandes

In Abhängigkeit der genannten Zielsetzungen, der sozialen Bezugssysteme, der Unterstützungsinstitutionen und einem möglichen Zeitaufwand ist das Leistungstraining eines Ruderers zu planen und zu optimieren. Die Gestaltung eines Trainingsplans, die Einteilung der Trainingsetappen, der Kontrollmaßnahmen oder der Steuerungsmöglichkeiten wird in hohem Maße durch die strukturellen (zeitliche, sachliche, finanzielle und normative) Bedingungen der aufgeführten Bereiche festgeschrieben.

Internationale Spitzenleistungen sind heutzutage in jeder Sportart vom Zusammenspiel vieler Faktoren abhängig. Die Reduzierung der Betrachtungen auf den Trainingsprozeß mit seinen Trainingsprogrammen, den mittel- oder langfristigen Planungen oder einige methodische Hinweise zur Technikschulung im Rudern würde der Zielsetzung im folgenden nicht gerecht werden. Erfolge im Hochleistungssport und damit auch im Renn- und Spitzenrudern werden im wesentlichen auch durch die ihn koordinierende und repräsentierende Institution bestimmt. Langfristiger, erwartbarer Erfolg ist im besonderen vom Entwicklungsstand und Kenntnisstand des am Leistungsrudern beteiligten Verbandes, der Vereine, Trainer und Ruderer abhängig, die sich in der Erfüllung ihrer Aufgaben unterscheiden und die sich stichwortartig folgendermaßen charakterisieren lassen:

Dem *Verband* obliegt es in erster Linie, Hochleistungsprogramme und die damit verbundenen Rekrutierungs- und Selektionssysteme für die ambitionierten Sportler zu entwickeln und durchzusetzen. Neben der personellen Besetzung, der materiellen Versorgung der Leistungs- und Ausbildungszentren ist es seine Aufgabe, den Kenntnisstand aller am Spitzenrudern Beteiligten zu steigern und für die trainingsbegleitende Forschung, Kontroll- und Testverfahren zu sorgen, sowie die Organisation und den Einsatz der leistungssportlichen Servicesysteme zu kontrollieren. Hinzu kommt die Organisation der finanziellen, sozialen und

materiellen Betreuung von Athleten und Trainer und der Kontakte mit den Medien.
Zuständig für die regionalen Medienkontakte ist der *Verein*, der im Sinne eines erfolgversprechenden Verbandsprogramms den Hochleistungsgedanken, die Verbandsziele und -trainer weitestgehend zu unterstützen hat. Auf der Vereinsebene sollte auch ein persönliches und soziales Interesse am Leistungsruderer vorhanden sein, das sich auch auf eine Kooperation und Motivierung des Vereinstrainers und seiner Arbeit erweitern sollte. Immer geringer wird die Anzahl der Vereine, die den Leistungssportlern aus finanziellen Gründen das notwendige Boots- und Rudermaterial zur Verfügung stellen können.
Eine zentrale Forderung an den *Trainer* ist ein Engagement für die Sache, die sich darin äußern kann, daß er enorme Zeitkapazitäten für die Betreuung der Rennruderer zur Verfügung stellen muß, sich die notwendigen Kenntnisse der Trainingsstruktur und Leistungsentwicklungen für die verschiedenen Zielgruppen aneignet. Seine Lehr- und Lernfähigkeiten beziehen sich zudem auf die Führung der Athleten, auf Kooperationsbereitschaft mit Sportlern, Verein und Verbandstrainer, wobei eigene, persönliche Erfahrungen im Rudern oder im Leistungssport sehr hilfreich sein können.
Die Erfahrung im Spitzenrudern lehrt, daß sich die *Ruderer* erfolgreich durchsetzen, die, neben den enormen speziellen physischen Fähigkeiten, auch über bestimmte Persönlichkeitseigenschaften verfügen. Persönlichkeit umfaßt hier das organisierte Wert- und Handlungssystem, mit dem der Leistungsruderer sich bestimmten Anforderungen stellt und stellen kann. Für das langfristig erfolgreiche Abschneiden im Spitzenrudern haben Trainer eine Reihe von Merkmalen zusammengetragen, die sie aus ihren Erfahrungen für besonders hilfreich oder notwendig erachten:

1. Engagement für die Sache, Motivation
2. Intelligenz; darunter auch ruder- und trainingsspezifisches Wissen
3. Fähigkeit zur Selbstorganisation
4. Psychische Stabilität in Streßsituationen
5. Trainingsfleiß
6. Soziale Kompetenz, Kameradschaft
7. Freude am Wettkampf, Spaß am sportlichen Vergleich

Diese Merkmale sind Ergebnisse von Wechselwirkungen zwischen individuellen Anlagen, entwicklungspsychologischen Faktoren und spezifischen sozialen Erlebnisinhalten der einzelnen Sportler, wenngleich einige dieser Merkmale sich durch ein Leistungstraining auch entwikkeln lassen, wie z.B. die Fähigkeit zur Selbstorganisation oder das sportartspezifische Wissen. Zentrale Bedeutung gewinnt zunehmend (wie auch bereits bei den Trainern) das vorhandene Zeitpotential für Training und Regeneration. Spitzensport auf international erfolgreichem Niveau wird schwieriger und unwahrscheinlicher, wenn nicht zumindest über einen bestimmten Zeitraum Rudern als die zentrale Lebensform angesehen werden kann. Hinzu muß die Bereitschaft des Sportlers kommen, den Erfolg mit Hilfe eines langfristigen Konzeptes (6 - 8 Jahre, oder ca. 3 - 4 Jahre nach erfolgtem Grundlagentraining) anzustreben.

2. Die Steuerung sportlicher Hochleistung

Die im weiteren Sinne Steuerung sportlicher Leistung wird in entscheidendem Maße vom Hochleistungsprogramm eines Verbandes geprägt, das natürlich den spezifischen Strukturen, Traditionen, Trainern oder gar Ruderern angepaßt wird. Anhand der Merkmale

- Rekrutierungssystem für Spitzenruderer
- Qualifikationssystem
- Personelle Verantwortung für Nominierung
- Nominierungsgrundlagen
- Auswahl der Trainer für internationale Aufgaben
- Dauer des gemeinsamen Trainings der zusammengestellten, nominierten Mannschaften

werden auf der Grundlage einiger Interviews (vgl. NOLTE 1988) mit den verantwortlichen Chef-Trainern oder Sportdirektoren verschiedener, im Rudern erfolgreicher Verbände, spezifische Lösungen, in denen sich auch die institutionalisierten Maßnahmen im Spitzenrudern widerspiegeln, dargestellt (Abb. 3).
Auffallend sind die großen und an verantwortliche Personen gebundenen Entscheidungsbefugnisse hinsichtlich der Nominierung von Ruderern, Mannschaften und Trainern. In den meisten Fällen werden neben physiologischen Daten und den Rennergebnissen auf internationalen Regatten nur subjektive Kriterien der beauftragten Trainer zur Bildung

Abb. 3: Qualifikation- und Selektionssysteme verschiedener Verbände

Merkmal	Bundesrepublik	Italien	USA	Großbritannien	Australien	DDR
Rekrutierung der Spitzenruderer	Vereinssysteme	Vereinssysteme Zufall (speziellle Fördermaßnahmen geplant)	Zufall Universitätssysteme	Zufall Vereins-, Schul-, Universitätssystem	Zufall Vereins- und Universitätssystem, Privatinitiativen	Talentauswahl im Schulalter, Ausbildung im Verein, Förderung in Internaten und Leistungszentren
Qualifikationssystem	1. Internationaler Leistungsnachweis auf 1-2 Regatten, Finalqualifikation 2. Prinzipiell der Deutsche Meister	1. Vereinsmannschaften können sich mit 1.-3. Pl. in Luzern qualifizieren 2. Ausscheidung und Mannschaftsbildung im Trainingslager 3. Qualifizierte Kleinboote können auch ins Großboot	1. Anmeldung zum Eingangstest nach persönlicher Einschätzung und auf eigene Kosten 2. Ergometerausscheidung 3. Test im Mannschaftsboot, der/die Trainer entscheiden	1. Nachweis der internationalen Stärke auf zwei Regatten	1. Kleinboote: nationale Klasse internat. Stärke Perspektive 2. Großboote: Einladung zum WM-Trainingslager aufgrund der Kleinbootergebnisse auf nationalen Regatten Ausscheidung im TL durch Ergometer und Expertenrating	1. Kleinboote: DDR-Meister Rest hat Chance zur Qualifikation für das Großboot (auch gegen bestehende Boote) 2. Nachweis internationaler Stärke 3. Verstärkung von Großbooten im WM-Trainingslager möglich

Personelle Verantwortung bei Nominierung	Nominierungskommission (3 Mitglieder) - Sportl. Leiter - Verbandstrainer - Aktivensprecher	Leitender Verbandstrainer	Leitender Trainer für die Zielgruppe	Sportdirektor	Nominierungskommission (vom Verband ernannt): - Sportl. Leiter - Cheftrainer - Ressorttrainer	Cheftrainer in Absprache mit Verbandsgremium
Grundlagen für die Nominierung	1.-5. Rang auf WM (errechnet)	Testergebnisse auf Trainingslehrgängen - Physiolog. Merkmale - Technikermerkmale (Video in Rennen) - Trainermeinung	In der Regel keine	Testergebnisse auf Trainerlehrgängen - Trainermeinung - getestete Mannschaften	Physiologische Daten aus Test Kenntnis der Ruderer und Beurteilung aus TL	Testergebnisse - physiologisch - rudertechnisch - psychologisch
Auswahl der Trainer	Heim- und Bundestrainer (in Abhängigkeit der Mannschaftszusammensetzung)	Vereinsmannschaft: Clubtrainer sonst: vom Cheftrainer bestimmt	Verband bestimmt aufgrund der Erfahrungen vergangener Jahre	In der Regel Vereinstrainer	Verband bestimmt Auswahlkriterium: Internationale Erfahrung	Clubmannschaften behalten Vereinstrainer, Cheftrainer bestimmt Trainer der Verbandsboote, alle hauptamtlich
Gemeinsames Training	Junioren 4 Wochen Senioren ganzjährig	Junioren 3 Wochen Senioren 6 Wochen	In der Regel 6-8 Wochen	Junioren 3 Wochen Senioren 10-12 Wochen	In der Regel 8-10 Wochen	sehr unterschiedlich, keine feste Vorgabe

von Mannschaften herangezogen, die sich vor allem auf die Beurteilung der Rudertechnik und der Psyche des Sportlers beziehen.
Die meisten Verbände stützen sich auf hauptamtlich angestellte Sportdirektoren, die mit größtmöglicher Entscheidungsgewalt ein für den Verband einheitliches Trainings- und Selektionssystem verfolgen und dafür die Verantwortung tragen müssen.

Abb. 4:
Erfolgreiche Mannschaften als Ergebnis langfristiger Steuerung im Spitzensport

II. Physiologische und anthropometrische Voraussetzungen im Ruderwettkampf

1. Vorbedingungen und Entwicklungen

Der Rennruderer und die Rennruderin müssen in der Lage sein, in einem Wettkampf über eine Distanz von 2000 m 220-250 Mal am Innenhebel der Skulls oder Riemen eine Kraft von 40-100 kp (in Abhängigkeit zum Körpergewicht und Geschlecht) zu entwickeln. Diese Fähigkeit ist nur denkbar und möglich, wenn bestimmte anthropometrische und physiologische Voraussetzungen gegeben sind. Bezüglich der für die Leistung im Rudern determinierenden physiologischen und anthropometrischen Bedingungen ergeben Untersuchungsbefunde folgendes Bild (vgl. MADER/HOLLMANN 1977, DI PRAMPERO, u.a. 1971):

1. Die für den Vortrieb des Ruderbootes benötigte Leistung steigt mit der Bootsgeschwindigkeit mindestens in der 3. Potenz. Ab einer gewissen Geschwindigkeit hat die Zunahme der Vortriebsleistung nur eine geringe Zunahme der Bootsgeschwindigkeit zur Folge. Trotz erhöhter physischer Leistungssteigerungen verbessern sich deshalb die Rennzeiten in vergleichsweise geringem Ausmaß.
2. Größere und schwerere Ruderer haben, auch bezogen auf die relative Leistungsfähigkeit (Leistung/Körpergewicht), einen Vorteil, da mit steigender Gesamtmasse (Boot und Ruderer) der Bootswiderstand weniger stark zunimmt. Entgegen anderen Ausdauersportarten (z.B. Laufen, Skilanglauf) spielt die relative Leistungsfähigkeit, die bei gut trainierten leichten Sportlern meist höher als bei schwereren ist, im Rudern eine geringe Rolle.
3. Der Vorteil starker und großer Ruderer wird dazu noch durch den höheren Krafteinsatz bei gegebenen (optimalen) Schlagfrequenzen deutlich, da eine beliebige Erhöhung der Schlagfrequenz und der damit denkbare, geringere Krafteinsatz unökonomisch sind.
4. Das physiologische Kriterium für eine maximale dynamische Arbeit über mehrere Minuten ist die Kapazität des Gesamtstoffwechsels eines Organismus. Damit scheint die optimale Dimensionierung der einzelnen Komponenten des muskulären Stoffwechsels (anaerob alactazid, anaerob lactazid und aerob) für den Erfolg im Rudern ausschlaggebend.

Aus leistungsphysiologischer Perspektive ergeben sich für den Rennerfolg folgende Konsequenzen:

a. der Vorteil der absoluten Kraft bzw. der absoluten Leistung bevorzugt an Muskelmasse reiche (schwere) und vor allem große Ruderer,
b. eine hohe Stoffwechselkapazität sowie die Proportionierung der einzelnen Komponenten sind von zentraler Bedeutung für den Wettkampferfolg.

Körpergröße und Konstitution der Sportler sind genetisch determiniert. Da die maximale Stoffwechselleistungsfähigkeit in einem sehr engen Verhältnis zu diesen Determinanten steht, ist auch hier der Spielraum zur Entwicklung nicht allzu groß. Mit anderen Worten: Ob jemand im Rennrudern – sei es in der schweren oder leichten Klasse – international erfolgreich ist, wird in nicht unerheblichem Maße von seiner *konstitutionellen und physiologischen Ausgangslage* abhängig; oder: Die konstitutionellen und physiologischen Ausgangsbedingungen legen in gewissen Grenzen die Erfolgsaussichten fest.

Für langfristige Planungen interessant dürften Alters-, Körpergrößen- und Gewichtsentwicklungen sein, die im folgenden am Beispiel der LG-Nationalkader-Ruderer über mehrere Jahre analysiert werden sollen.

Abb. 5:
Alter : Größe : Gewicht. Trendanalyse DRV-Leichtgewichtsruderer (n = 73)

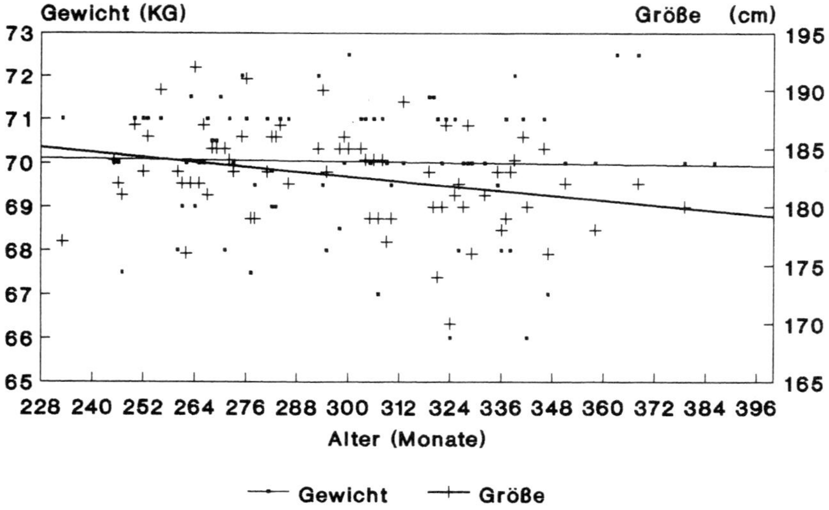

Während der Trend hinsichtlich des Gewichts (bei LG-Ruderern logischerweise) konstant verläuft, ist jedoch zu erkennen, daß die jüngeren Ruderer tendenziell immer größer werden.

Abb. 6:
Entwicklung Körpergröße (1985-1989)

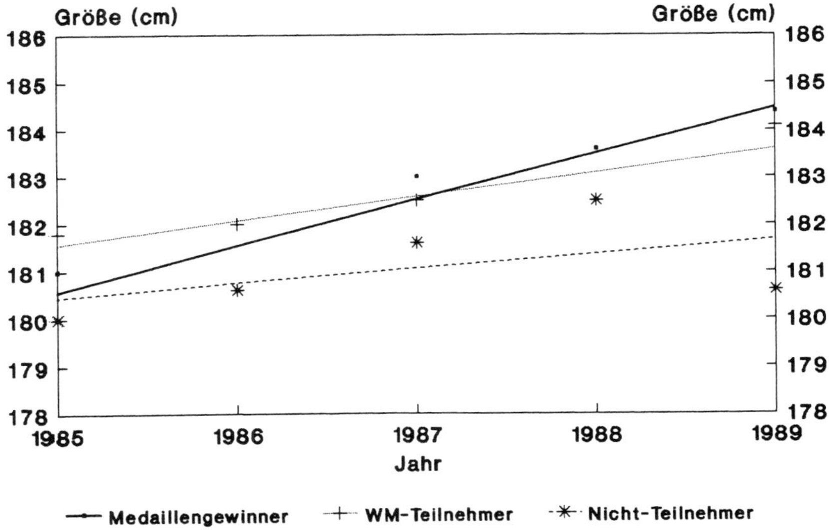

Differenziert man diese Beobachtung im Verlauf der Jahre nach den Gruppen „Medaillengewinner", „WM-Teilnehmer" und „Nicht-WM-Teilnehmer", dann ist auffällig, daß der Trend zu größeren Ruderern bei den Medaillengewinnern deutlich stärker ist. Von ca. 180,5 cm im Jahre 1985 hat sich im Durchschnitt der Medaillengewinner im LG-Kader auf ca. 184,5 cm „vergrößert". Bestätigt wird diese Entwicklung auch in der offenen Klasse, für die KÖRNER (1989) folgende Körpergrößen und -gewichte angibt:

Olympiasieger Männer	1980 :	192 cm	90-100 kg
	1988 :	195 cm (190-200 cm)	
Olympiasieger Frauen	1980 :	179 cm (172-188 cm)	75-85 kg
	1988 :	182 cm	71-85 kg

Abb. 7:
Altersentwicklung LG-Nationalmannschaft (Trend 1985-1989)

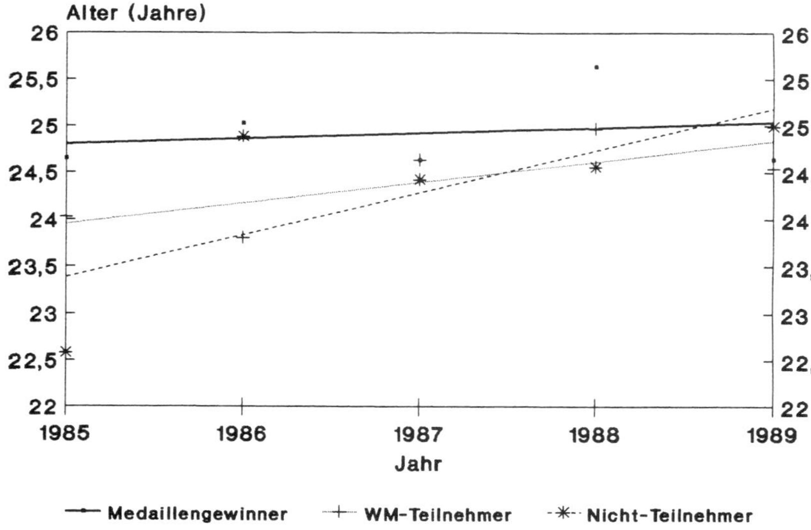

Untersucht man die gleichen statistischen Gruppen bezüglich ihrer Altersentwicklung, so läßt sich zwischen den Gruppen eindeutig eine Tendenz zur Homogenisierung feststellen. Das idealtypische Alter eines Medaillengewinners eines DRV-Leichtgewichtsruderers liegt seit mehreren Jahren zwischen 24,5 und 25,5 Jahren, die beiden anderen Gruppen passen sich in ihrer Tendenz diesem Alter an.
Offensichtlich benötigt ein Ruderer in der LG-Klasse ca. 6-7 Jahre (es gibt Ausnahmen), oder 2-3 Jahre in der Männer-A-Klasse, bis er Medaillen erringen kann. Informationen und Entwicklungstendenzen, die es permanent zu beachten gilt, können damit wertvolle Hinweise für die Selektion und die langfristige Planung der leistungssportlichen Karriere geben.

2. Befunde physiologischer Leistungsmessungen im Rudern

Während die Leistungsfähigkeit eines Ruderers oder einer Mannschaft in einem Ruderrennen ein äußerst komplexes Geflecht von physischen, bewegungsökonomischen, psychischen, sozialen und kognitiven Faktoren darstellt, kann man die physiologische Komponente dieser Gesamtleistung (bisher am sinnvollsten) mit Hilfe der Ruderergometrie messen. Eine momentan international standardisierte Leistungsmessung auf dem Ruder-Ergometer vergleicht z.B. die Leistung (in Watt) eines Ruderers oder einer Ruderin bei einer Maximalbelastung über 6 Minuten. Leistungsmessungen von bundesdeutschen Leichtgewichtsruderern über einen Zeitraum von acht Jahren zeigen die Beziehung zwischen dem erruderten Rangplatz auf Weltmeisterschaften und der durchschnittlichen Wattleistung der Mannschaft bzw. eines Einerruderers. Die in dieser Grafik (Abb. 8) dargestellten Werte ergeben sich aus Ergometertests, die am Ende des Vorbereitungstrainingslagers ca. zwei Wochen vor der Weltmeisterschaft durchgeführt worden sind.

Abb. 8:
Ergometerleistung und WM-Erfolg

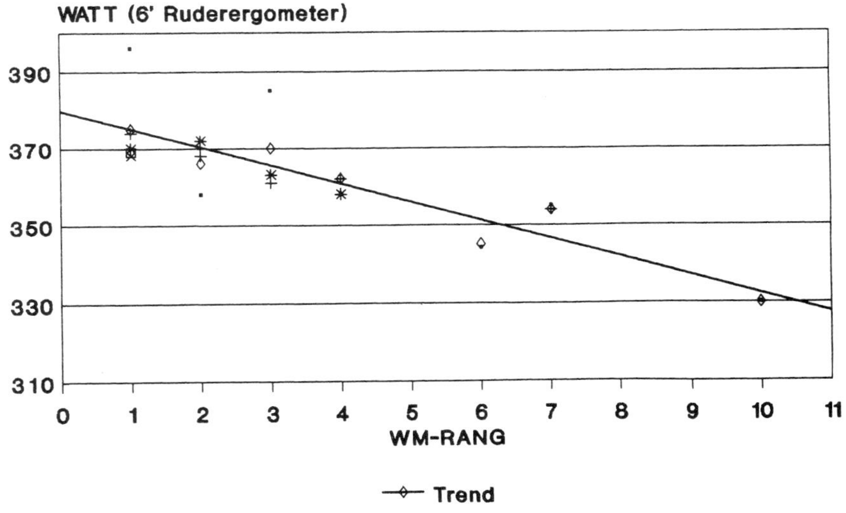

Die Darstellung belegt in eindeutiger Weise die Bedeutung der physiologischen Leistungsfähigkeit für den Rennerfolg auf internationaler Ebene. Auch lassen sich auf der Grundlage der physiologischen Leistungsmessungen relativ gute Prognosen bezüglich des zu erwartenden WM-Erfolges erstellen. Tendenziell gelten die für Leichtgewichts-Ruderer gemachten Beobachtungen für alle Wettkampfklassen.

Die Ergometerleistung spiegelt die physiologische Leistungsfähigkeit insgesamt wider, die entsprechend der Kennwerte *maximale Sauerstoffaufnahme* ($VO_{2\ max}$), *Muskelfaserstruktur*, *aerobe* und *anaerobe Schwelle*, und *anaerobe Kapazität*, weiter aufgliedert werden kann und für die sich aus der vorliegenden Literatur folgende Kenngrößen leistungsphysiologischer und anthropometrischer Art (vgl. HOWALD 1988, KÖRNER/SCHWANITZ 1985, JENSEN 1988, FLORESCU 1989) ergeben:

Abb. 9:
Anthropometrische und physiologische Kenngrößen von Ruderern und Ruderinnen des internationalen Niveaus

Kenngröße		Männer offen	Männer leicht	Frauen offen	Frauen leicht
Größe	(cm)	192	181	173	167
Gewicht	(kg)	90	70	75	57
Fettanteil	(%)	9	6	18	12
6-Min-Ergo	(Watt)	420	365	320	265
$VO_{2\ max}$	(1/min)	6,5	5,4	4,4	3,8
	(ml/min/kg)	68-70	75	58-60	65
ST-Fasern	(%)	70-75	75	65-70	70
AAS	(% VO_{2max})	80-90	85-90	80-90	85
Power 1 min	(Nm)	6600	5800	4500	4000
	(Nm/kg)	75	80	65	70

Diese vier biologisch-physiologischen Parameter erfahren je nach Veranlagung, entsprechend der Trainingsstruktur und dem (Trainings-) Alter der Ruderer oder Ruderinnen einen unterschiedlichen Ausprägungsgrad. Die in der Tabelle aufgeführten Werte dienen vornehmlich zur Orientierung, wobei auf die – in bestimmten Grenzen mögliche – kompensierende Wirkung hingewiesen sein soll. So ist z.B. eine geringere anaerobe Schwelle durch hohe anaerobe Fähigkeiten ausgleichbar. Zum besseren Verständnis der darauf aufbauenden Trainingsstruktur sollen diese Parameter im einzelnen noch etwas näher erläutert und ihre spezifische Bedeutung im Rudertraining herausgestrichen werden.

3. Die maximale Sauerstoffaufnahme ($VO_{2\ max}$)

Unter der maximalen Sauerstoffaufnahme versteht man das Maß für die *Sauerstoffzufuhr* (Atmung), den *Sauerstofftransport* (Herz-Kreislauf) und die *Sauerstoffverwertung* (Muskelzelle) im *Ausdauerbelastungszustand* des Organismus. Die $VO_{2\ max}$ ist das **Bruttokriterium für die aerobe Ausdauer** (ZINTL 1988). Leistungsbegrenzende Faktoren der $VO_{2\ max}$ sind nach HOLLMANN/HETTINGER (1980, 376) - wobei im Rudern in der Regel die höchsten Werte gemessen werden, was der Größe der eingesetzten Muskelmasse mit hoher Kraftausdauerbelastung zugeschrieben wird:

a. (interne Faktoren):

- Lungenventilation
- Diffussionskapazität der Lunge
- Herzminutenvolumen
- Sauerstofftransportkapazität des Blutes
- Periphere Sauerstoffverwertung
- Muskelfaserzusammensetzung

b. (externe Faktoren):

- Belastungsmodus
- Größe der eingesetzten Muskelmasse
- Körperposition
- Sauerstoffpartialdruck
- Klima

Die *relative maximale Sauerstoffaufnahme* ist die auf das Körpergewicht bezogene Größe, die insbesondere in Ausdauersportarten, in denen das eigene Körpergewicht „getragen" werden muß, eine bessere Beurteilung der allgemeinen Ausdauerfähigkeit zuläßt (z.B. Laufen, Skilanglaufen). Die *Trainierbarkeit* der $VO_{2\ max}$ ist nicht allzu groß. Wenn in der Pubertät nicht entsprechende Entwicklungsreize gesetzt werden, spricht man von einer möglichen Steigerungsrate von 15-20 %. Sehr trainierbar hingegen ist der Prozentsatz der individuellen $VO_{2\ max}$, der über einen längeren Zeitraum, d.h. im Bereich der *anaeroben Schwelle (AAS),* einge-

setzt werden kann. Diese für die Ruderleistung bedeutsame Fähigkeit läßt sich zwischen 50 - 70% steigern.
Viele Trainer und Verbände benutzen die maximale Sauerstoffaufnahme, mit Hilfe spiroergometrischer Methoden gemessen, als Kriterium für die Talentauswahl, aber auch zur Selektion von Ruderern und Mannschaften.

4. Muskelfasertypen

Eine weitere Kenngröße für die Ruderleistungsfähigkeit ist die Zusammensetzung der Muskelfasertypen, die jeweils unterschiedliche Stoffwechseleigenschaften haben. Trainingsbedingte Veränderungen in der Muskulatur sind auch wie im Falle der $VO_{2\,max}$ zum Teil von der genetisch vorgegebenen Muskelfaserstruktur abhängig, d.h. vom Verhältnis zwischen den langsamkontrahierenden ST-Fasern und den schnellkontrahierenden FT-Fasern. Genetisch, und damit in vielen Bereichen nur für bestimmte Sportarten und Disziplinen geeignet, kann z.B. der Anteil der ST-Fasern zwischen 35 % und 90 % betragen. Der Spielraum in einzelnen Disziplinen jedoch beträgt oft nicht mehr als 20 %. Es ist somit von vorneherein sehr unwahrscheinlich, daß Sportler mit einem Anteil von nur 50 % ST-Fasern Weltklasseleistungen im Rudern erbringen können.

Abb. 10:
Muskelfasertypen (nach ZINTL 1988)

Rot	Weiß	
tonisch	phasisch	
langsam kontrahierend „slow twitch" (ST)	schnell kontrahierend „fast twitch" (FT) oxidativ (aerob) FTO	 glykolytisch (anaerob) FTG
Typ I	Typ II_A	Typ II_B

Die ST-Fasern zeichnen sich durch eine Vielzahl und Größe der Mitochondrien, Myoglobin, aeroben Enzymen und Glykogenreichtum aus, weshalb sie vornehmlich zum Einsatz kommen, wenn Bewegungen langsamer ablaufen und nicht zu viel Kraft erfordern. FT-Fasern kommen bei hohen und sehr hohen Krafteinsätzen zum Einsatz bzw. wenn die Anforderungen im Ausdauerbereich 90 % der $VO_{2\ max}$ erreichen und überschreiten.

Typisch für die Muskulatur von guten Ruderern ist nun, daß nicht nur die relativ wenigen FT-Fasern, sondern auch die ST-Fasern mit Hilfe gezielter Krafttrainingsprogramme vergrößerte Querschnittsflächen zeigen, die durch die Volumenzunahme der Myofibrillen bedingt ist. Mit Hilfe eines intensiven Ausdauertrainings können beide Fasertypen (ST und FTO) in die Lage versetzt werden, einen größeren Anteil der erforderlichen Energie über den oxidativen Stoffwechsel bereitzustellen. Der Nachweis kann indirekt über die geringere Lactatproduktion (bei standartisierten Belastungen) und der damit verbesserten sog. *anaeroben Schwelle (AAS)* nachgewiesen werden. Über 85 - 90 % der Wettkampfzeit im Rudern dominieren die ST-Fasern, was dadurch nachgewiesen worden ist, daß das Glykogen während eines Rennens ausschließlich in den ST-Fasern absinkt (KÖRNER/SCHWANITZ 1985, 44). Der Anteil der ST-Fasern läßt damit wesentliche Rückschlüsse auf muskelphysiologischen Grundlagen, speziell der Kraftausdauerfähigkeit, im Rudern zu.

Für das Rudern – wie auch z.B. im Schwimmen – entscheidend ist nicht nur die Tatsache, daß die Muskelfaserstruktur den Ausdaueranforderungen zu entsprechen hat, es spielen offensichtlich auch die Bewegungsfrequenzen, die im Rudern vergleichsweise gering sind, für den Vorteil von ST-Fasern eine Rolle.

Hinsichtlich der Trainingsanpassungen ist von Bedeutung, daß eine Umwandlung des einen in den anderen Fasertyp nicht möglich ist, lediglich die Fasern metabolisch differenziert werden. Durch Training können FTO-Fasern in Richtung FTG-Fasern (z.B. durch Schnellkraft- und Maximalkraftbelastungen) und die FTG-Fasern in aerobe Richtung verschoben werden (langsame Kraft- und Ausdauerbelastungen). Die Anpassungsreaktionen dieser beiden Fasertypen stören sich noch nicht, solange kein hohes Ausprägungsniveau in den konditionellen Fähigkeiten, wie z.B. im Grundlagentraining, vorliegt. Deshalb sind in diesem Trainingsbereich Ausdauer und Maximalkraft nebeneinander entwikkelbar.

Zwischen der $VO_{2\ max}$ und dem Anteil der oxidativ arbeitenden Muskulatur besteht ein enger Zusammenhang, was bedeutet, daß die besondere Funktionsweise der Fasertypen und die entsprechende Belastung im Training das Niveau der Herz-Kreislauf-Funktionen zentral beeinflussen.

5. Aerobe und anaerobe Schwelle

Auf die Bedeutung des einsetzbaren Prozentsatzes der $VO_{2\ max}$ ist bereits hingewiesen worden. Zur Beurteilung der aeroben Ausdauerfähigkeit hat sich auch das *Konzept des aerob-anaeroben Übergangs* bewährt. Bei niedrigen Belastungsintensitäten liegen im Blut Lactatwerte von weniger als 2 mmol/l (Aerobe Schwelle) vor (Normalwerte in Ruhe 0,6 – 1,8 mmol/l), die über den Glykogen- und Fettstoffwechsel im Muskel selbst beseitigt werden können und damit eine rein aerobe Energiebereitstellung darstellen. Jenseits dieser aeroben Schwelle (AS) tritt das Lactat ins Blut über und sammelt sich dort an, wobei sich im aerob-anaeroben Übergangsbereich Lactatbildung und Lactatabbau die Waage halten. Dieser Übergangsbereich wird bei Lactatkonzentrationen zwischen 2 – 4 mmol/l angenommen. Übersteigt das Blutlactat die anaerobe Schwelle (AAS), wird die Lactatkonzentration im Blut trotz beibehaltener Belastungsintensität weiter ansteigen und es den Ruderer über kurz oder lang zum Abbruch seiner Leistung zwingen. Zur Erhaltung seiner Leistungsfähigkeit über einen bestimmten Zeitraum hinweg wird der Organismus verstärkt auf anaerobe Energiebereitstellung angewiesen sein.
Sowohl die AS wie auch die AAS sind, wie bereits erwähnt, empirisch gefundene und festgelegte Mittelwerte. Eine genauere Betrachtung der Lactatentwicklungskurven macht jedoch deutlich, daß die AS und AAS der Sportler individuell gefunden werden müssen. Sie kann im Falle der AAS durchaus bei 5 mmol/l oder auch bei 3,5 mmol/l liegen. Die Beurteilung und Berechnung erfolgt mit Hilfe spezieller Verfahren.
Die Lactatentwicklung wird mit der Geschwindigkeit, im Rudern sinnvoller mit der Herzfrequenz, in Beziehung gesetzt, wobei für die Trainingspraxis konkrete Hinweise, z.B. mit welcher Herzfrequenz bei der Belastung im Ausdauertraining die Ausdauerleistungsfähigkeit ökonomisch zu verbessern ist, gegeben werden können. Zur Beurteilung des Trainingszustandes kann der Prozentsatz der Leistungsfähigkeit bestimmt werden, der im Lactatgleichgewicht (AAS) oder noch rein aerob im Vergleich zur maximalen Leistungsfähigkeit über 6 Minuten, geleistet wird. Bei sehr guten Ruderern liegt dieser Prozentsatz zwischen 85 und 95 Prozent.

Abb. 11:
Lactatleistungskurven. LG-Ruderer im Vergleich

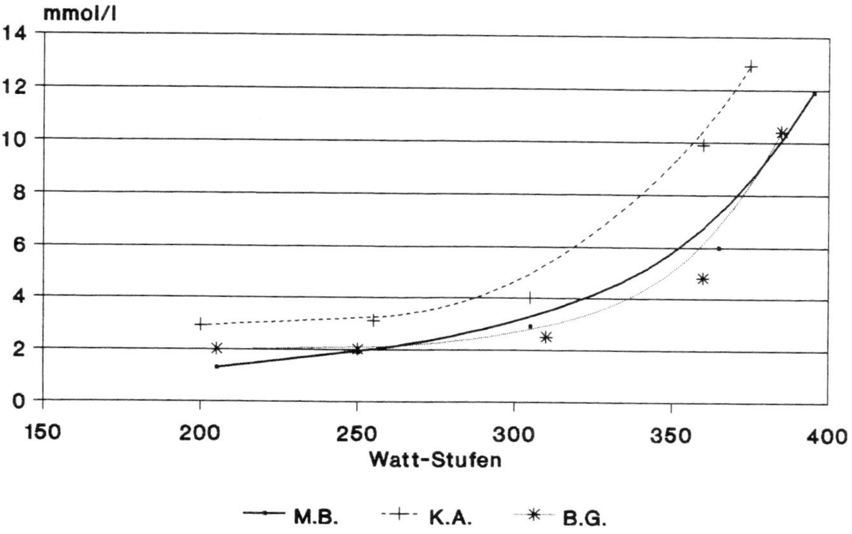

Zur Bestimmung der Schwellen werden ruderspezifische Belastungen auf dem Ergometer durchgeführt, die alle drei Minuten stufenweise (in der Regel um 50 Watt, bei einer Ausgangsstufe von 200 Watt bei Männern und 150 Watt bei Frauen) erhöht werden. Nach jeder Belastungsstufe wird aus dem Ohrläppchen Blut entnommen. Die Lactatkonzentrationen können im interindividuellen Vergleich durch unterschiedliche vorausgegangene Trainingsbelastungen und andere Ernährung beeinflußt werden. So kann z.B. bei niedrigen Glykogenvorräten im Muskel nur wenig Lactat gebildet werden, die Messungen und die Werte täuschen bei Glykogenarmut im Muskel eventuell einen guten Ausdauertrainingszustand vor. Ähnliches gilt nach sehr harten Trainingsbelastungen über mehrere Einheiten hinweg. Ausgehend von den physiologischen Vorgaben und Parametern, die, jede auf ihre Weise, bestimmte notwendige Fähigkeiten im Rudertraining verbessert oder bestimmt, ist im folgenden nach den trainingsmethodischen Möglichkeiten zu fragen, die eine Steigerung dieser Merkmale ermöglichen.
Die Funktion der Entwicklung und Erhöhung der anaeroben Schwelle besteht darin, die aerobe Ausnutzung der Leistungsfähigkeit und damit auch die Trainingsbelastungsfähigkeit zu steigern; hohe anaerobe

Schwellen ermöglichen hohe Umfänge und Intensitäten im Training, wobei eine wichtige Voraussetzung zur Leistungssteigerung erfüllt werden kann. Die zentrale Bedeutung der maximalen Sauerstoffaufnahme bzw. des Anteils der maximalen Sauerstoffaufnahme, die aerob über einen bestimmten Zeitraum geleistet werden kann, liegt im Niveau der Renngeschwindigkeit.

2. TEIL:
Struktur des Rudertrainings

I. Methodik des Rudertrainings

Basis der Leistungsfähigkeit und rudersportlicher Erfolge ist neben der Persönlichkeit des Sportlers die *Kondition*, die die Summe der physischen Leistungsfaktoren (z.B. Kraft, Ausdauer, Schnelligkeit, Beweglichkeit und Koordination) darstellt, im speziellen Bereich durch ein unterschiedliches relatives Gewicht der Faktoren und durch verschiedene (ruderspezifische) Erscheinungsweisen geprägt ist. *Technik* und *Taktik* sind der Kondition untergeordnete Faktoren: Ohne Kondition ist weder eine ökonomische Technik noch eine erfolgreiche Taktik im Rudern möglich. Die Wechselwirkungen zwischen der Kondition und Technik wie auch zwischen der Kondition und der Taktik im Rudern soll (unter dem dominanten Einfluß der Kondition) an zwei Beispielen verdeutlicht werden:
Nach ca. 1400 m, im letzten Drittel des Rennens, erkennt der Trainer erhebliche Veränderungen (Verschlechterungen) im individuellen Bewegungsablauf des einzelnen und in der mannschaftlichen Koordination: Zwei Ruderer des Vierers setzen zu spät, einer ist zu weit vom Wasser weg, das Boot „läuft nicht mehr". Diese Auffälligkeiten werden zwar als „schlechte" Technik gesehen und veranlassen viele Trainer und Ruderer nach mehr Anteilen von Techniktraining im Gesamttrainingsprozeß zu rufen, die Ursachen liegen jedoch im konditionellen Bereich. „Technische Fehler" sind oftmals ermüdungsbedingt, die Bewegungskonstanz und -genauigkeit läßt bei Belastungen mit hoher Intensität und längerer Dauer oder nach mehreren hohen Belastungen (z.B. Trainingslager) nach, womit durch die Verringerung des konditionellen Niveaus auch das bewegungstechnische (koordinative) Niveau nachläßt.
Will man diese technischen Fehler, die erst in der zweiten Hälfte eines Rennens auftreten, ausbessern, dann sollte man zunächst das konditionelle Niveau, das Ausmaß der Regeneration (Erholung des Ruderers von den vorausgegangenen Trainingsbelastungen) oder bootstechnische Gegebenheiten (z.B. zu harte Hebel) hinterfragen. Andererseits wirkt eine „gute" Technik konditionserhaltend, indem sie bei gleicher Bootsgeschwindigkeit einen geringeren Kraftaufwand ermöglicht, oder umgekehrt, mit gleichem Energieaufwand eine höhere Geschwindigkeit bewirkt.

Ähnlich verhält es sich mit der Taktik im Rennrudern. In Abhängigkeit zu seinem Konditionsstand und dem rudertechnischen Niveau steht jedem Ruderer eine bestimmte Menge an Energie für die möglichst schnelle Überwindung der 2000 m im Boot zur Verfügung. Taktische Maßnahmen, die auch immer psychologische Maßnahmen bedeuten, verteilen nun diese Energie auf die Streckenabschnitte. Z.B. kann ich mir mit einem langen Startspurt psychologische Vorteile verschaffen, benötige dazu aber bestimmte physische Fähigkeiten. Der konditionelle Leistungsstand des Ruderers bestimmt auch seine taktischen Möglichkeiten.

1. Zur Strukturierung des Rudertrainings

Neben den bereits beschriebenen Zielbereichen eines Rudertrainings (Grundlagentraining, Rennrudertraining, Hochleistungstraining) werden ***Trainingsformen, Trainingsmittel*** und ***Trainingsmethoden*** unterschieden.

Trainingsformen im Rennrudern

Eine Untergliederungsmöglichkeit für die Trainingsformen bildet die Unterscheidung in:

a. allgemein-entwickelnde Trainingsformen
b. spezielle Trainingsformen und
c. die Wettkampfübung

Allgemein-entwickelnde Trainingsformen haben nichts oder nur sehr wenig mit der Bewegungs- und Belastungsstruktur des Ruderns gemein. Ein hoher Stand auf der Ebene der allgemein-entwickelten Kondition bietet jedoch ein hervorragendes Fundament zur Entwicklung der spezifischen Kondition. Einem gut entwickelten allgemeinen Konditionsniveau schreibt man die Eigenschaft zu, daß sich der Sportler nach Belastungen schneller erholen kann und für ihn auch das Verletzungsrisiko deutlich geringer ist. Allgmeinentwickelnde Übungen für das Rudern wären beispielsweise Sportspiele, leichtathletische Disziplinen, Turnen, Gymnastik und größtenteils auch die allgemeinen Kräftigungsübungen. *Spezielle Trainingsformen* liegen dann vor, wenn sie die für das Rudern typische physische oder physiologische Eigenschaft (z.B. Kraftausdauer, aerobe Ausdauer) entwickeln und eine weitgehende kinematische und

dynamische Übereinstimmung mit der Bewegungs- und Belastungsstruktur des Ruderns haben, wie z.B. im Rudern angewandte Kraftübungen: Bankziehen, Beinstoßen etc. Für bestimmte Zielsetzungen im Rudertraining, wie z.B. das Grundlagentraining, stellen auch Belastungen und Sportarten spezielle Trainingsformen dar, die eine hohe Übertragbarkeit ihrer physiologischen Merkmale, wie z. B. die aerobe Ausdauer beim Skilanglauf oder Radfahren, gewährleisten.
Mit der *Wettkampfübung* ist das Rudern selbst oder das Rudern simulierende Geräte, wie das Ruderbecken und verschiedene Ruderergometer, gemeint. Hier ist die vollständige Übereinstimmung dynamischer und kinematischer Eigenschaften gegeben.
Jede der hier vorgestellten Kategorie von Trainingsformen läßt sich in Hinblick auf ihren Anteil und ihre Ausprägung im Trainingsprozeß eines Rennruderers weiter unterteilen.
So dienen die allgemein-entwickelnden Trainingsformen der Ausbildung der allgemeinen physischen Leistungsfaktoren, die getrennt (z.B. nach Kraft-, Schnelligkeits- oder Beweglichkeitseigenschaften) oder komplex (z.B. in Sportspielen: Schnelligkeit, Koordination und Ausdauer) trainiert werden. Die speziellen Trainingsformen wird man sinnvollerweise in jene zwei Leistungsfaktoren unterteilen, die verstärkt leistungsbestimmend für das Rudern sind: Kraft- und Ausdauertrainingsformen und den entsprechenden Varianten (z.B. Schnellkraft, Kraftausdauer etc.). Die Aufgliederung für die Wettkampfübung wird mit Hilfe der an der 2000-m-Rennleistung orientierten Belastungskategorien vorgenommen.
Zur Systematisierung des Rennruder- und Hochleistungstrainings hat sich die Unterscheidung der Trainingsformen als sehr hilfreich erwiesen, die entsprechend des hauptsächlich beanspruchten Leistungsfaktors im Rudern, der Ausdauer, in Trainingsformen zur Verbesserung der:

a. Grundlagenausdauer und
b. der speziellen Ausdauer

unterscheidet. Grundlagenausdauertraining beschäftigt sich dabei mit der Entwicklung der Komponenten, die eine positive Übertragbarkeit für die spezielle Ausdauer im Rennrudern gewährleisten: die aerobe Kapazität, die allgemeine Kraftausdauer und ein optimaler vegetativer Trainingszustand. Eine gute Grundlage ist dann gegeben, wenn eine Belastung von mittlerer Intensität (ca. 85-95 % der $VO_{2\,max}$) über einen langen Zeitraum (ca. 90 Minuten) geleistet werden kann.

Die spezielle Ausdauer ist dann die aufgaben- und zielorientierte Ausprägung der Wettkampfleistung (= 2000 m schnell zu rudern), die selbst im Rennrudern noch zu differenzieren ist. So hat z.B. die spezielle Ausdauer einer Leichtgewichts-Einer-Ruderin, die ca. 8:10 Minuten für die 2000-m-Strecke benötigt, eine etwas andere Ausprägung, als die eines Weltklasse-Männer-Achters, der für die Strecke 5:28 Minuten unterwegs ist. Entsprechend dieser situations- oder aufgabenspezifischen Anforderungen sind die in der speziellen Ausdauerentwicklung zu beachtenden Leistungskomponenten zu variieren. Es gilt dabei, das richtige Mischungsverhältnis der einzelnen Komponenten zu bestimmen.
Welche Unterscheidungen man sich bezüglich der Trainingsformen auch immer zur Grundlage seines Trainingskonzepts macht, wichtig ist festzuhalten, daß die Trainingsformen hinsichtlich ihrer Anteile einer gewissen Dynamik und Systematik unterliegen, die von folgenden Faktoren bestimmt werden und die für den lang- und mittelfristigen Trainingsaufbau bestimmend sind:

- Alter der Trainingsruderer
- Trainingsalter
- Zielbereich des Trainings
- Trainingsetappe
- Leistungsfähigkeit der Athleten
- Gesamtumfang des Trainings

Mit zunehmendem Trainingsalter steigt die Bedeutung der Wettkampfübungen und der speziellen Trainingsformen im Gesamttrainingsprozeß. Der hohe Anteil spezieller Trainingsformen und der Wettkampfübung im Rennrudertraining (RRT) z.B. im Vergleich zum Hochleistungstraining (HLT) resultiert aus dem Prinzip, den Trainingsaufwand und Ertrag in einem ökonomischen Verhältnis zu belassen. Die etwas ausgewogenere Verteilung im HLT läßt sich auf das (notwendig) hohe Zeitpotential der Athleten zurückführen. Absolut gesehen, d.h. gemessen am Zeitaufwand, liegen die Anteile in jeder Trainingsform höher als im GLT und im RRT. Ein weiterer Grund für diese Erscheinung ist natürlich auch, daß ab einem gewissen zeitlichen Aufwand in einer Trainingsform auch für Abwechslung im Trainingsprozeß zu sorgen ist bzw. die Erhöhung (relativ und absolut) einer Trainingsform sogar zur Leistungsstagnation führen kann.
Die Abbildungen 13 und 14 geben die tatsächliche Verteilung der Trainingsformen und Zielsetzungen (relativ und absolut) eines erfolgreichen LG-Ruderers wider. Relativ heißt: die Verteilung der Einheiten,

Abb. 12:
Trainingsformen im Rennrudern. Verteilung und Umfang im Gesamttraining

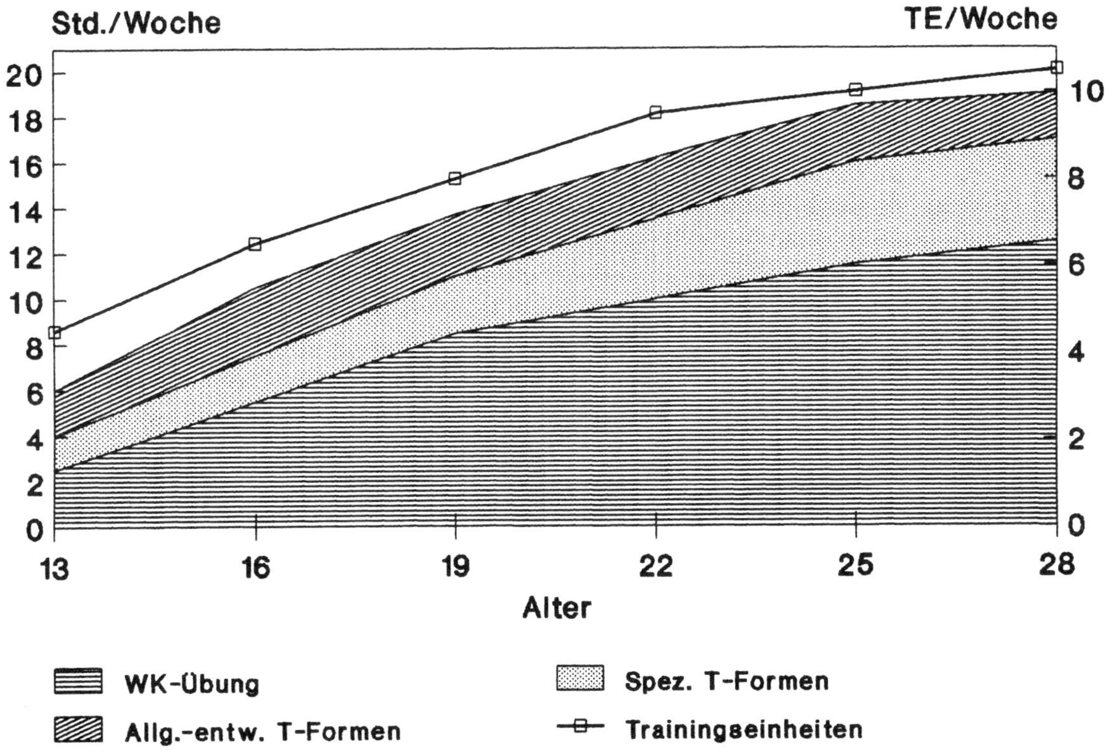

Abb. 13:
Relationendiagramm (B.G. 1989). Trainingsziele

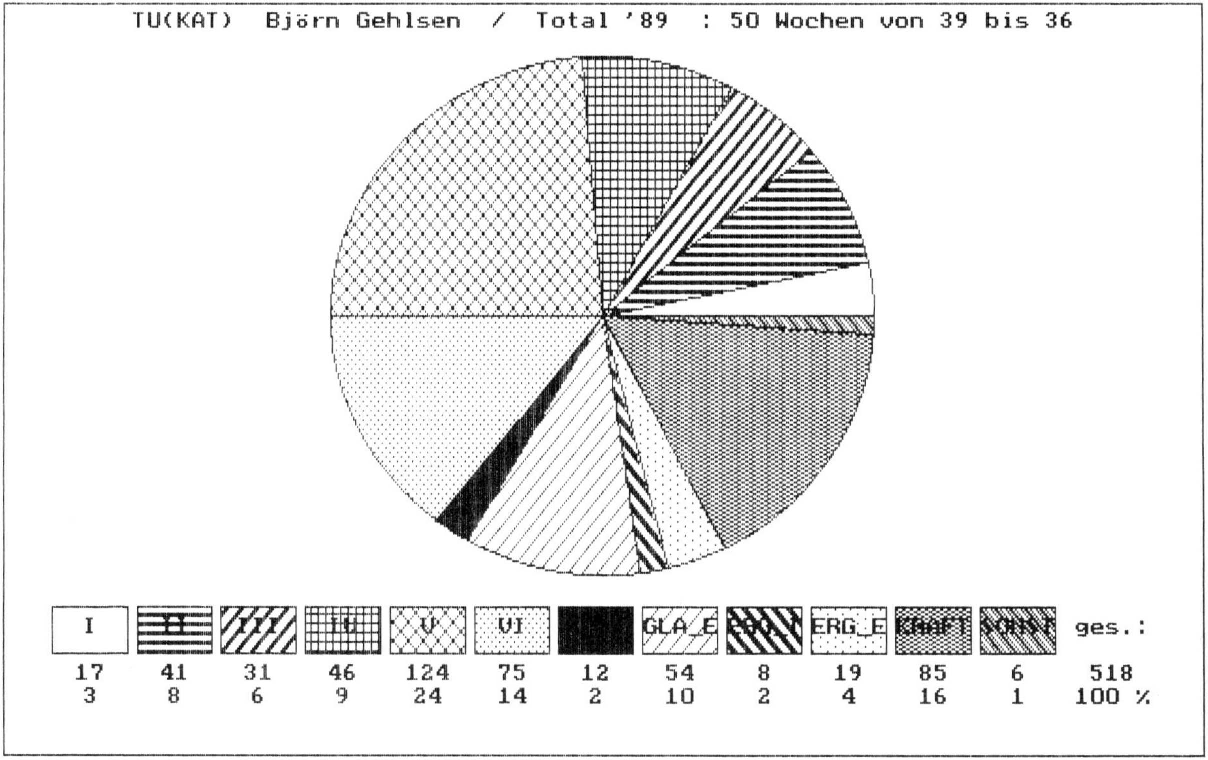

Abb. 14:
Relationendiagramm (B.G. 1989). Anteil Trainingsformen und -ziele (Umfang)

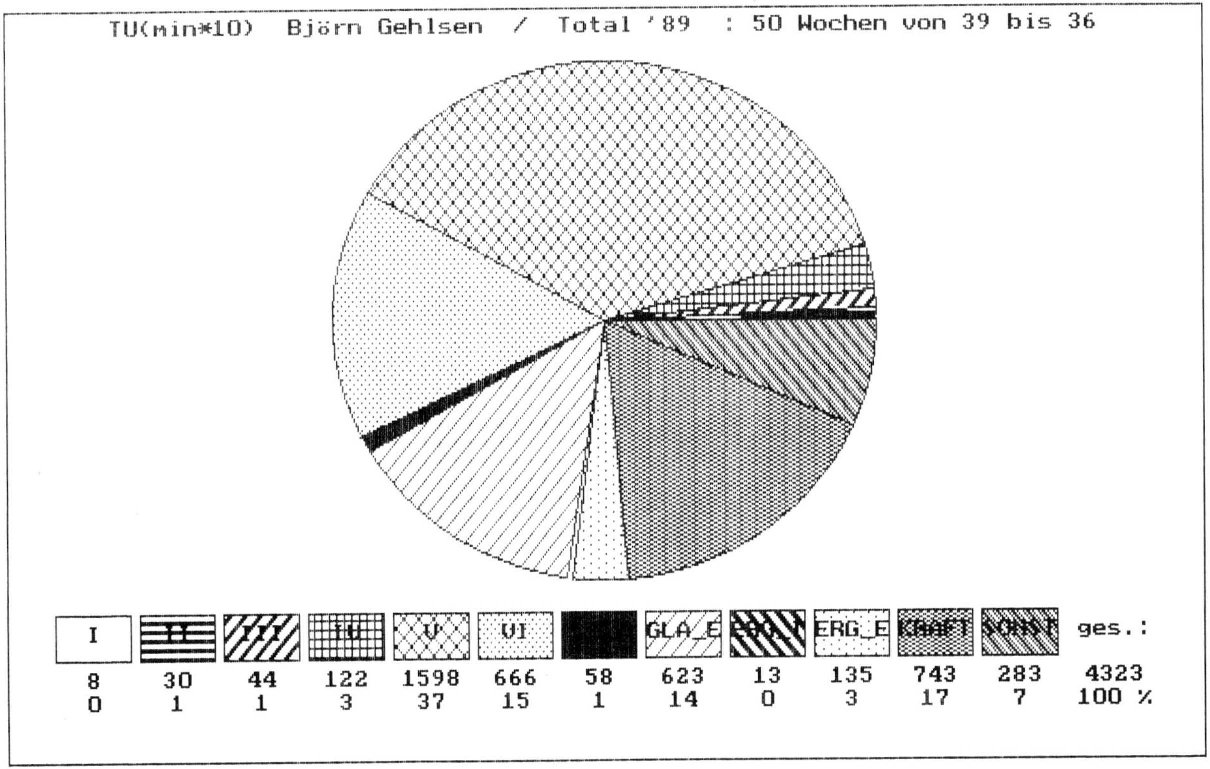

die nach dem methodischen Trainingsziel aufgeschlüsselt sind. Das Relationendiagramm (Abb. 14) beschreibt die tatsächliche Umfangsverteilung der Trainingsformen und Zielsetzungen am Gesamttraining. Eine Einheit im Boot mit der Zielsetzung Kat. III beinhaltet mehrere Belastungsformen: Die Angabe des Trainingsinhalts (90 Minuten Rudern V, darin 6 x 3 Min. III, Pause 2 Min. VI) ist bei der absoluten Aufrechnung folgendermaßen aufgegliedert:

Kat. III :	18 Minuten	(6 x 3 Min.)
Kat. VI :	12 Minuten	(6 x 2 Min.)
Kat. V :	60 Minuten	

Beide Angaben, die methodische (das vorrangige Trainingsziel) und die – wenn man so will – physiologische, sind zur Beurteilung und Analyse eines Trainings notwendig.
Nahezu zwei Drittel (64 %) der absolvierten 518 Trainingseinheiten in der Saison galten der Wettkampfübung, ca. 22 % den speziellen Trainingsformen (Ergo und Kraft), der Rest den allgemein-entwickelnden Trainingsformen (ca. 13 %). Bezüglich des tatsächlichen Zeitumfanges der Anteile ergibt sich folgendes Bild:

Wettkampfübung:	67 %	(ca. 24700 Min.)
Spezielle Trainingsformen:	20 %	(ca. 8900 Min.)
Allgem.- entwickelnde Tr.-formen:	22 %	(ca. 9640 Min.)

Interessanter ist die Verteilung in den verschiedenen Intensitätsbereichen der Wettkampfübung: Von der Zielsetzung her umfaßt der Anteil der extensiven Ausdauerbelastungen ca. 38 % des Gesamttrainings und ca. 68 % der WKÜ. Vom tatsächlichen Zeitumfang her betrachtet betragen die Anteile 52 % (des Gesamttrainings) und ca. 91 % der WKÜ. D.h., 9/10 der Zeit auf dem Wasser wird in einer Intensität um die aerobe Schwelle herum und darunter gerudert, womit auch die Bedeutung der verschiedenen Trainingsziele und -formen verdeutlicht wird.

Trainingsmittel im Rudern

Trainingsmittel beschreiben jene Mittel und Maßnahmen, die einen Trainingsablauf organisatorisch, informativ und apparativ unterstützen. Die Festlegung eines Trainingsziels bedingt in gewisser Hinsicht die Wahl der Mittel. Das Ziel, die Maximalkraft eines Ruderers zu steigern, läßt nur eine beschränkte Anzahl der Trainingsmittel zu (z.B. Hanteln

oder Kraftmaschinen), wie auch die Wahl bestimmter Sportgeräte oftmals nur eingeschränkte Trainingsmöglichkeiten und Zielsetzungen zuläßt. Im Interesse eines abwechslungsreichen und vielfältigen Trainings sollte sich der Trainer fragen, ob der Einsatz anderer, alternativer Trainingsmittel zur Erreichung des Trainingsziels möglich ist.
Trainingsmittel organisatorischer Art stellen z. B. alle möglichen Formen der Trainingsbegleitung dar:

- im Motorboot
- im gleichen oder im anderen Ruderboot
- vom Ufer, von der Brücke aus
- mit mehreren Trainern und anderen Ruderern
- an Land: in der Halle, Kraftraum, im Wald, Gelände etc.
- als Stationentraining, Circuittraining, Pyramidentraining
- im Schwimmbad

Vielseitig sind auch die Möglichkeiten informativer Art:

- Bewegungsanweisungen oder -aufgaben
- Filmkamera, Videorecorder, Fotoapparat
- Lehrbildreihen
- Literatur
- Vormachen, Nachmachen
- taktile und visuelle Hilfen (Strohhalme für Auslagewinkel)

Nahezu unübersehbare Vielfalt herrscht bei den Trainingsmitteln gerätemäßiger Art. Alle aufzuzählen ist kaum möglich, aber die Einteilung in:

- *Übungen ohne Gerät* (wie z.B. Lauf, Gymnastik, Schwimmen, Partnerübungen)
- *mit Kleingeräten* (Kurzhanteln, Gewichtswesten, Sandsäkken, Seil, Medizinball, Kasten(teile), Langlaufski, Fahrradschläuchen etc.)
- *mit Großgeräten* (Boot, Fahrrad, Scheibenhantel, Turngeräte, Langbänke, Kletterstangen, Taue, Sprossenwände, Kraftmaschinen, Windräder, Weichbodenmatten u.v.m.)

zeigt bereits auf, daß mit einiger Phantasie, insbesondere im *allgemeinen Konditionstraining*, für viel Abwechslung gesorgt werden kann.

Trainingsmethoden im Rudern

Trainingsmethoden stellen planmäßige Verfahren dar, ein bestimmtes Trainingsziel zu erreichen. Das planmäßige Verfahren bezieht sich dabei auf trainingswissenschaftliche Gesetzmäßigkeiten, die in Verbindung mit den speziellen Gegebenheiten der Zielgruppe, der Sportart und der Auswahl der Trainingsmittel in Einklang zu bringen sind.
Zur Steigerung konditioneller Fähigkeiten liegen klare und eindeutig formulierte *Belastungsnormative* vor. Das sind Beschreibungsgrößen objektiver Art, die Angaben über die Art und Weise der Durchführung von Trainingsinhalten geben. Trainingsinhalte sind zunächst einmal „neutral" in Bezug auf ein bestimmtes Trainingsziel. Die Ausrichtung auf ein konditionelles Trainingsziel erfolgt durch die Festlegung:

- der *Intensität* (m/sec, Schlagfrequenz)
- des *Umfangs* (km, Minuten, Dauer des Trainings)
- der *Reizdauer* (sec, Min., Wiederholungen pro Serie)
- der *Reizhäufigkeit* (Anzahl der einzelnen Reize)
- der *Reizdichte* (zeitliches Verhältnis von Belastung und Erholung)
- Zeitintervalle zwischen den Einzelreizen einer Trainingseinheit), sowie
- der *Trainingshäufigkeit* (Anzahl der Trainingseinheiten pro Woche).

Mit diesen Belastungsnormativen ist die objektive, besser: *äußere Belastung* eines Trainings festgelegt. Mit der Angabe, am Mittwoch rudert ein Senior-B-Vierer mit Steuermann 18 km (Umfang) mit einer Schlagfrequenz von 23 Schl./Min. (Intensität) und einer Belastung von 6 x (Reizhäufigkeit) 3 Minuten (Dauer des Einzelreizes 3 Minuten) in SF 28 (Intensität) und einer Pause von jeweils 2 Minuten (Reizdichte) zwischen den 3 Minuten, ist diese, an physikalische Größen gebundene Beschreibung eines Trainings, eindeutig.
Nicht geklärt ist damit die *individuelle Anpassungsreaktion,* der Grad der Anstrengung *(innere Belastung)*, den der einzelne Ruderer in dieser Mannschaft bei dieser objektiv definierten äußeren Belastung erfährt. Für die Trainingswirkung ist jedoch die innere Belastung als Ergebnis

der Trainingsmaßnahme für die Leistungsentwicklung der Ruderer entscheidend. Über das Ausmaß und die Wirkung dieser inneren Belastungsstruktur eines Trainings geben in erster Linie die vom Trainer und Sportler selbst beobachtbaren Reaktionen (z.B. Ermüdungsgrad) und z.T. leistungsphysiologische wie biochemische Daten durch Belastungsprüfungen Aufschluß. Diese Daten dienen im Hochleistungstraining als Grundlage zur Trainingsplanung und Festlegung der weiteren äußeren Belastungsstruktur (Trainingssteuerung im engeren Sinne).

2. Die Entwicklung der physischen Leistungsfaktoren

In der Trainingspraxis, insbesondere in der Durchführung der Wettkampfübung, ist es schwierig, die einzelnen Leistungsfaktoren (z.B. aerobe Ausdauer und Kraftausdauer) eindeutig zu trennen. Die Übergänge sind fließend und die Trainingswirkungen nicht immer eindeutig auszumachen (vgl. auch dazu Abb. 15 und 18).

Entscheidend ist die beim einzelnen Ruderer erzielte individuelle Anpassungsreaktion, die sich von den vermeintlichen Trainingszielen und seinen objektiven Belastungsstrukturen oftmals unterscheidet. Freilich ist die Wahrscheinlichkeit sehr groß, daß man in „reinen" Trainingsbelastungen (z.B. 100 Minuten Rudern mit mittlerem Krafteinsatz und SF 21) das entsprechende Trainingsziel trifft (hier: aerobes Ausdauertraining). Je höher das Niveau der Ruderer, desto geringer werden die Spielräume in der Trainingsbelastung, ein bestimmtes Ziel zu treffen.

Ausgangspunkt aller Überlegungen zur Entwicklung der im Rudern erforderlichen physischen Leistungsfaktoren soll das Konzept der *speziellen Ausdauer* sein. Damit ist die Fähigkeit gemeint, 2000 m schnellstmöglich zu durchrudern. Die damit zusammenhängenden und diese Fähigkeit fundamentierenden Leistungsfaktoren sind in der Abbildung 15 dargestellt.

In der speziellen Trainingslehre des Rennruderns nicht eindeutig geklärt ist die Bedeutung der einzelnen Faktoren in Bezug auf das spezielle Ausdauerniveau. Dies hängt zum einen damit zusammen, daß die spezielle Ausdauerfähigkeit durch die Anteile der Leistungsfaktoren nicht genau bestimmbar ist, da die spezielle Ausdauerleistung sehr komplex ist und die beteiligten Leistungsfaktoren z.T. kompensierbar sind. Ein hohes Kraft- oder Kraftausdauerniveau kann bis zu einem gewissen Grad Mängel in der aeroben Kapazität ausgleichen. Zum zweiten ist der Bestandteil der Faktoren von der Bootsgattung, der Leistungsklasse und dem

Abb. 15:
Trainingsformen und ihre Übertragbarkeit auf die spezielle Ausdauer

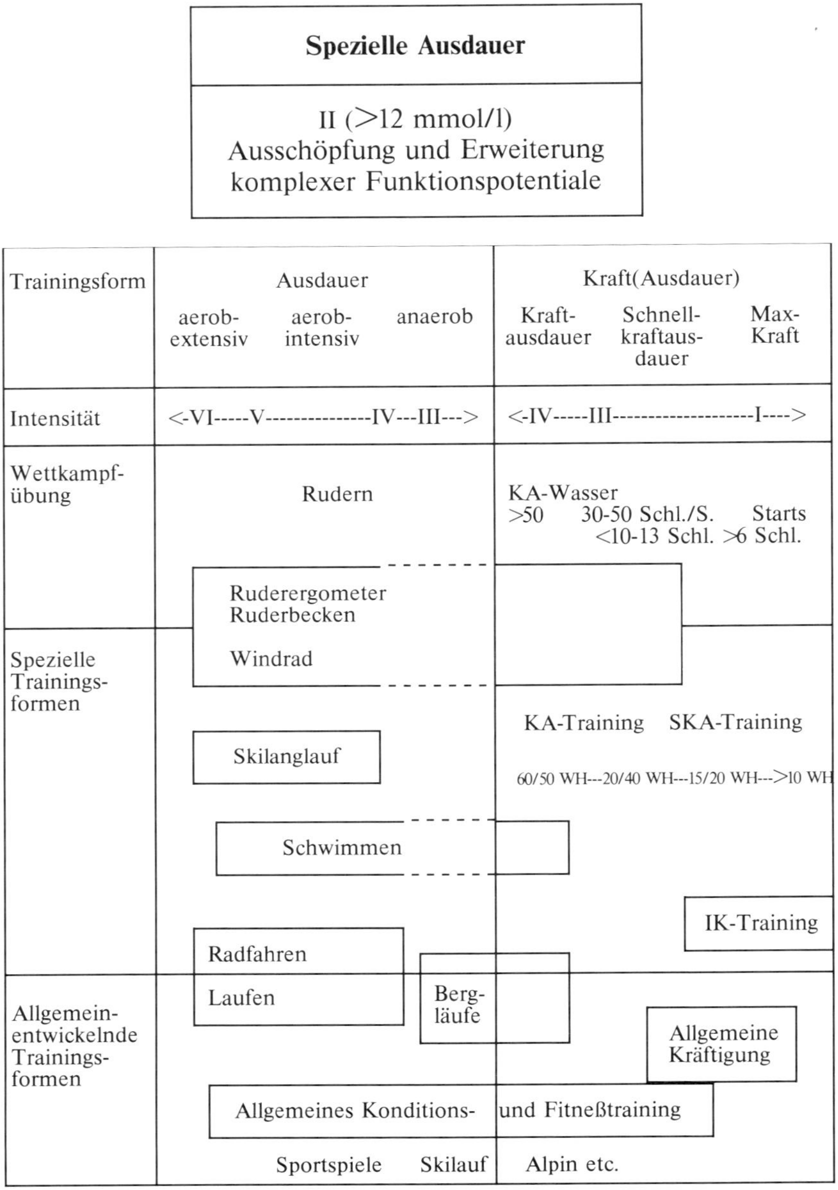

Physiologische Stichwörter	Fettstoff-wechsel · KH-Stoff-wechsel KH-Speicher-vermehrung Ökonomisierung · Steigerung der VO_{2max} Lactattoleranz-Tr. <-------STF-------> <---FTO--->	Aerob---Anaerob-Lac---Anaerob-Alac Verm. Mitochondrien Glykogenvermehrung in STF Glyk.-Verm. in FTF Myoglobinvermehrung <--STF---><--FTO---><-FTG->
Intensität ↑Lactat	1,5 - 2,5 · 3 - 5 · >6 - 8 (mmol/l)	3 - 4 · 4 - 7 · <3 (mmol/l)

Trainingsalter abhängig. Drittens schließlich hängt die Verteilung der Trainingsformen und die Bestandteile der einzelnen Leistungsfaktoren am Gesamttraining auch von den Einstellungen, Philosophien und Erfahrungen der Trainer (und Ruderer) ab.
Prinzipiell ist zu sagen, daß die Nähe einer Trainingsform zum Kasten der „speziellen Ausdauer“ (Abb. 15) auch den Grad der positiven Übertragbarkeit und die ungefähre Bedeutung eines Leistungsfaktors für die komplexe Leistungsfähigkeit darstellen soll. Mit allen Unzulänglichkeiten einer solchen Darstellung soll damit Trainern wie Ruderern eine didaktische Hilfestellung gegeben werden, um ihr Training zu planen und zu strukturieren.

II. Das Konzept der speziellen Ausdauer

Ausgangspunkt der nachfolgenden Überlegungen zur Entwicklung der im Rudern erforderlichen physischen Leistungsfaktoren soll das Konzept der *speziellen Ausdauer* sein.

1. Die spezielle Ausdauer als Bezugspunkt im Trainingssystem des Rennruderns

Als „spezielle Ausdauer" im Rennrudern soll die Fähigkeit bezeichnet werden, 2000 m (oder die geforderte Streckenlänge) schnellstmöglich zu durchrudern. Entsprechend der zu veranschlagenden Zeitdauer für ein Ruderrennen (über 2000 m von ca. 5:30 – 8:30 Minuten) werden physiologisch gesehen mehrere und unterschiedliche Leistungsfaktoren beansprucht: neben einem hohen Anteil aerober Ausdauer werden hohe Kraft(ausdauer)leistungen und anaerobe Ausdauerkapazitäten erforderlich.
Zu den physischen Leistungsfaktoren kommen „psychomoralische" Fähigkeiten, die für taktische Aufgabenstellungen, aber auch für die wettkampfspezifischen Anforderungen eine zentrale Bedeutung haben. Die Methodik zur Entwicklung der *speziellen Ausdauer* im Rennrudern muß demzufolge mehrere Merkmale berücksichtigen:

1. Über die Dauer des Ruderrennens muß der Ruderer bzw. die Mannschaft in der Lage sein, eine *optimal ökonomische und effektive Bewegungstechnik* aufrecht zu erhalten.
2. Der Ruderer oder die Mannschaft muß in der sog. *Phase der latenten Ermüdung* optimal *intensive Belastungen* ertragen und hohe Kräfte mobilisieren können.
3. Trotz hoher Intensität muß die Bewegungsgeschwindigkeit und *Schlagfrequenz* im Wettkampf – entsprechend den taktischen Aufgaben oder Reaktionen – noch *variiert*, und vor allem in der Schlußphase des Rennens in einer *hohen Frequenz* gerudert werden können.
4. Es müssen ein *stabiler positiver psychischer Zustand und Einstellung für die Härte* optimaler Intensitäten in bestimmten Zeitabschnitten entwickelt werden.

Diese Forderungen machen deutlich, daß die komplexe Struktur konditioneller, taktischer und technischer Fähigkeiten gleichermaßen in erster Linie nur durch Rudern (in Ausnahmefällen das Rudern simulie-

rende Trainingsgeräte wie z.B. Ruderergometer) als Trainingsform in Frage kommt.
Andererseits stellt das Ruderrennen selbst das beste Trainingsmittel zur Verbesserung der speziellen Ausdauer dar. Unabhängig vom Trainingsalter oder Leistungsbereich besteht die Forderung, das spezielle Ausdauertraining auf einer sehr guten (ruderspezifischen) aeroben Leistungsfähigkeit zu entwickeln. Dennoch steigt mit zunehmendem Trainingsalter der Anteil des speziellen Ausdauertrainings. Bei Hochleistungsruderern werden während eines Jahres ca. 15 - 20 % der Trainingseinheiten mit dem Ziel der Entwicklung der speziellen Ausdauer verwendet, wobei der Anteil in den einzelnen Etappen zwischen 10 und 30 % liegt. Was den absoluten Umfang in den speziellen Ausdauerbelastungen betrifft, so macht er nicht mehr als durchschnittlich 3 % (in den einzelnen Etappen 1 - 4 %) der Gesamttrainingszeit aus (vgl. Abb. 13/14).

Abb. 16: Das Ruderrennen als optimales Trainingsmittel zur Verbesserung der speziellen Ausdauer

Eine Umfangssteigerung dieses Trainingsanteils über das gesamte Jahr ist erst angezeigt, wenn die Umfänge des Trainings eines Ruderers ein individuell optimales Niveau erreicht haben. Der Trainingsumfang bleibt damit der wichtigste, absolut zuverlässigste leistungsbestimmende Faktor: Erst nachdem der Trainingsumfang im Ausdauertraining gesteigert worden ist, beginnt auf einem relativ hohen Niveau der Grundlagenausdauer die Erhöhung des Anteils der speziellen Ausdauerentwicklung. In einem dritten Schritt schließlich erfolgt die kontinuierliche Belastungssteigerung (die relative Intensität) zunächst des Gesamtumfangs, dann die der speziellen Ausdauerentwicklung.

2. Die Kategorisierung der Belastungen

Im Rudern hat sich zur Bemessung des Intensitätsgrads die „geplante mittlere Wettkampfgeschwindigkeit" als günstig erwiesen, die mit 100 % Intensität gleichgesetzt wird. Alle Belastungsintensitäten werden in Relation (%) zu dieser Rennzeit über 2000 m gesehen und entsprechend ihrer Funktion für das Rennrudertraining in sechs Bereiche kategorisiert (vgl. Abb. 17). Diese *Belastungskategorien* sind durch die Komponenten Umfang, Intensität, Dauer und Dichte, in ihrem Verhältnis zum Bezugspunkt der speziellen Ausdauer (die mittlere geplante Wettkampfgeschwindigkeit oder Rennzeit) und der aeroben Ausdauer (anaerobe und aerobe Schwelle) *idealtypisch* charakterisiert. Sie müssen entsprechend dem konditionellen Entwicklungsstand des einzelnen Ruderers variiert werden.

3. Die Belastungsstruktur des Rudertrainings

Während die Belastungskategorien VI – IV vornehmlich zur Entwicklung der aeroben Ausdauerfähigkeiten dienen, sind die Kategorien I – III in erster Linie zur Verbesserung der speziellen Ausdauer gedacht. Während die Kategorie I verstärkt anaerobe (lactazid und alactazid) Komponenten berücksichtigt, wie sie im Rennen in der Startphase oder in Spurts benötigt werden, richten sich die beiden anderen Kategorien vornehmlich an die ökonomische Streckeneinteilung, die speziell erforderliche Bewegungsökonomie (Technik) und die bedeutendsten physiologischen und psychischen Voraussetzungen. Eine gewisse Mittlerrolle zwischen der Grundlagenausdauer und der speziellen Ausdauer übernimmt die Kategorie IV: Hier können in entsprechend höheren

Abb. 17: Das Kategoriensystem

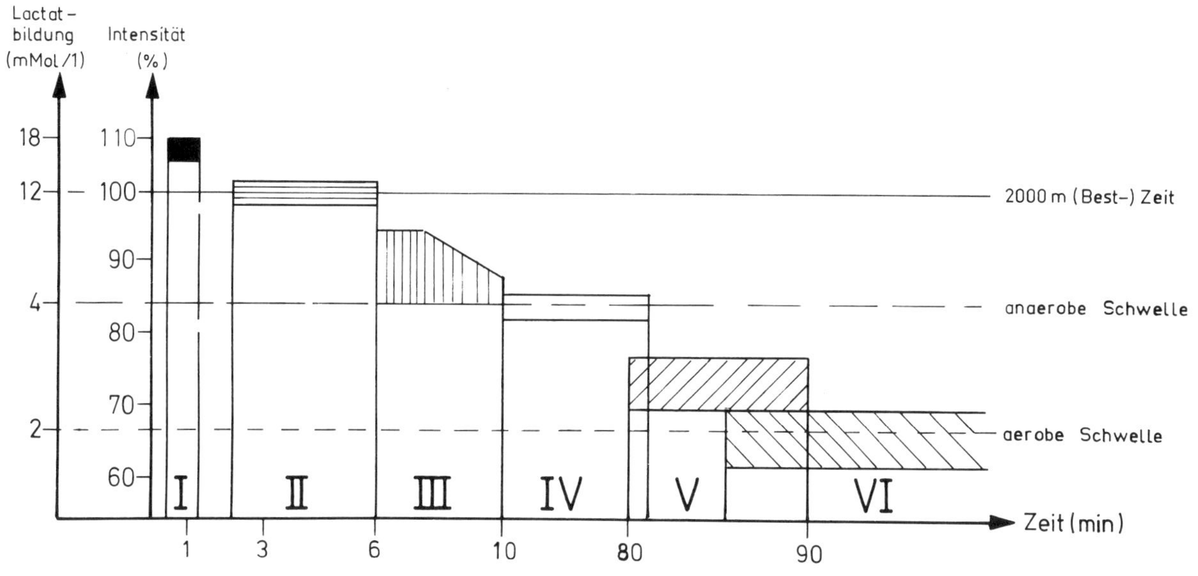

Umfängen ebenso taktische, spezifische Kraftausdauer- und mannschaftkoordinative Fähigkeiten geschult werden.
Hinsichtlich der Trainingsanteile der Kategorien, die vornehmlich zur Entwicklung der speziellen Ausdauer dienen, ergibt sich im Jahrestrainingsprozeß für das Hochleistungstraining aus der Praxis heraus folgendes Verhältnis:
Die Kategorien III : II : I sollten etwa im Verhältnis 50 : 35 : 15 % stehen, wobei zu beachten ist, daß unter Kategorie II auch sämtliche in der Saison gefahrenen Rennen zählen.

Abb. 18: Lactatentwicklung und Trainingsintensität

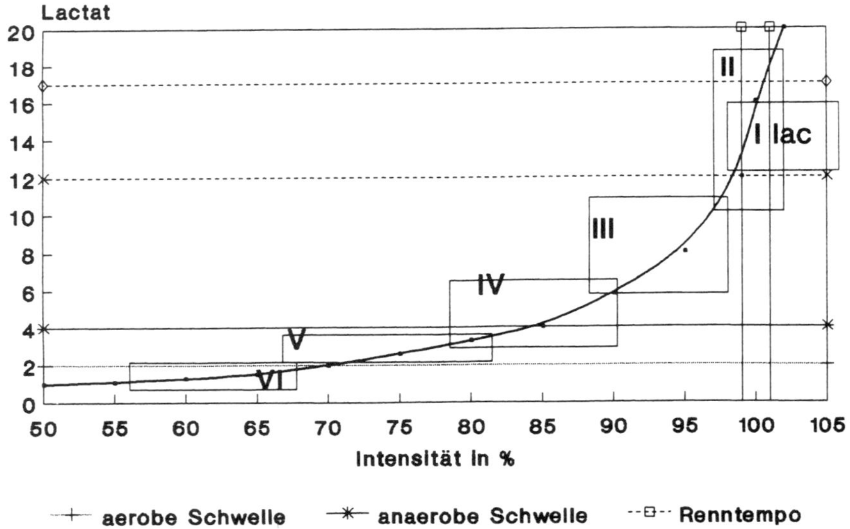

Folgende Abbildungen verdeutlichen HF-Intensität und Lactatentwicklung einer typischen Trainingseinheit zur Entwicklung der speziellen Ausdauer. Bemerkenswert die unterschiedliche Lactatanhäufung der Ruderer dieser Mannschaft, obwohl – auch nach Analyse der HF – alle vier gleichermaßen ausbelastet waren. Das Trainingsprogramm bestand aus 90' (Minuten) Rudern V - VI, darin Aufwärmarbeit wie vor einem Rennen und 4 x 2' Rennschlagfrequenz II - III (SF 38) und 4' Pause.

Abb. 20:
Lactatentwicklung in einer Trainingseinheit. Vier Ruderer im Vergleich

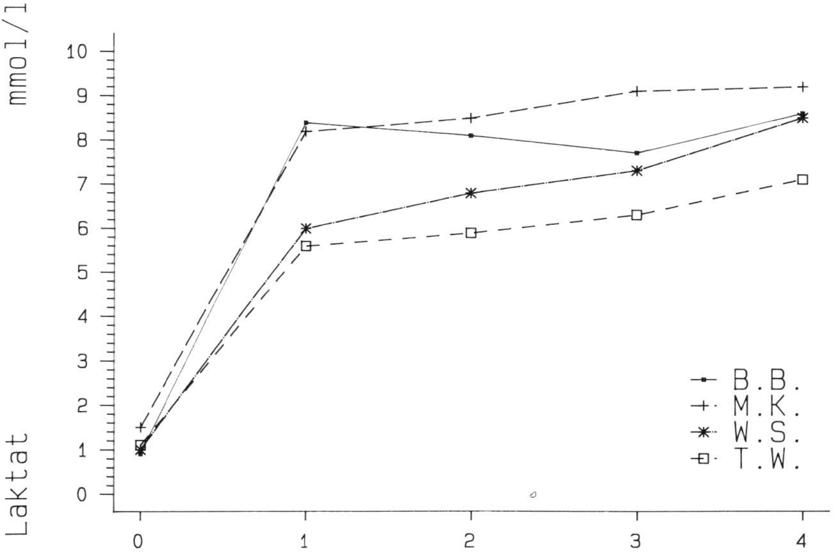

Abb. 21:
HF-Verlauf eines Ruderers in einer Trainingseinheit (Kat. II - III)

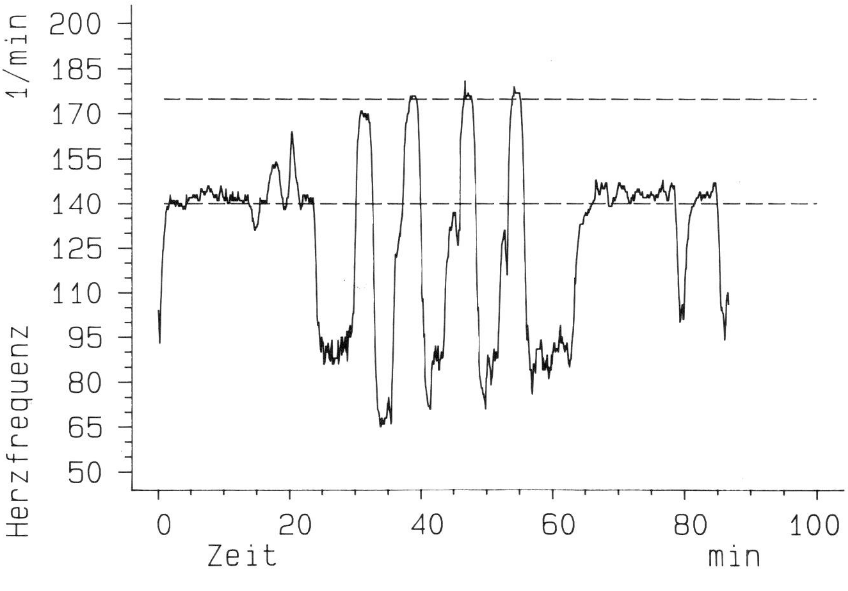

Abb. 19: Belastungsstrukturen im Rudertraining

Kategorie	Zielsetzung	Intensität	Max. Umfang	Reizdauer	Dichte	Anzahl WH(ser)	Kontrolle
I	alactazid: Schnelligkeit, Schnellkraft lactazid: Anaerobe Kapazität Sprintausdauer Lactattoleranz Pufferkapazität psychische Aktivierung Start- und Spurtfähigkeit Technik (Koordination bei höchstem SF)	103 - 110 % alac: <3 mmol lac: >10 mmol HF: maximal SF: maximal >40	2 - 6'	alac: 3 - 20" lac: 20 - 90"	2 - 15'	alac: 6 - 12 x lac: 1 - 6 x	(F_{max}) 5 Schl. RE (P_{max}) Watt über 40" RE 250 - 500 m maximal
II	Gefühl für Renntempo Technikökonomie Schnelligkeitsausdauer Taktische Fähigkeiten Lactattoleranz Entwicklung $VO_{2\,max}$ spezielle Ausdauer!	98 - 100 % 8 - 18mmol/l HF: maximal SF: Rennschl. 32-40	6 - 20'	1 - 6' im Rennen 5:30 - 8:15	2 - 15'	1 - 6 x	6' RE max (P_{max}) $VO_{2\,max}$ 2000 m od. Teilzeiten
III	spezielle Ausdauer spezielle Kraftausdauer mannschaftsinterne Koord. Technik- und Taktikökon. Entwicklung VO_{2max}	88 - 98 % 5 - 8 mmol/l HF: annähernd maximal SF: RSF - 2-6	20 - 30'	2 - 10'	3 - 10'	4 - 8 x	Lac-L-Kurve bei 3'-RE-Stufen: ca. 5 - 7 mmol

IV	Aerobe Kapazität spezielle Kraftausdauer Erhöhung AAS Glykogenstoffwechseltr.	80 - 90 % 2,5 - 6 mmol HF: um AAS ca. 160-175 SF: LS-RSF ca. 24-32	10 - 45'	1 - 45'	0 - 10'	1 - 3 x	Lac-L- Kurve bei 3' -RE-Stufen: ca. 3 - 4 mmol AAS Conconi-T.
V	Aerobe Ausdauer (Grund- lagenausdauer) Stabilisierung und Wieder- herstellung des Ausdauer- niveaus Bewegungsökonomie	70 - 80 % 1,5 - 3 mmol HF: ca. 145 - 160 SF: 20 - 25	30 - 120'	30 - 120'	keine oder nur zum Wenden	1 x	Lac-L- Kurve bei 3'-RE-Stufe: ca. 2-2,5 mmol AS - AAS
VI	Schulung und Stabilisie- rung der Technik Regeneration Grundlagenausdauer (vege- tatives NS, Kapillarisierung) Training des Fettstoff- wechsels	<70 % <2 mmol/l HF: um AS ca <145 SF: 18 - 23	30 - 150'	30 - 150'	keine (nur bei den Wenden)	1 x	LLK: bis max: 1,5 mmol <AS

Im Vergleich der HF-Verlauf zweier Ruderer während einer Einheit, die ebenfalls zur Entwicklung spezieller Ausdauerfähigkeiten konzipiert war: 90' Rudern V, darin 3 x 7' III mit ansteigenden SF (28-30-32/29-31-33/30-32-34 im Vierer bzw. 26-28-30 im Skiff) alle 2'. Die Steigerung sollte mit einem Druckspurt eingeleitet werden. Pause ca. 5 Minuten. Beim Riemenruderer augenfällig sind die Übergänge (Druckspurts), die beim Einerruderer gleichmäßiger ausfallen. Die unterschiedlichen Ausprägungen lassen sich auch für renntaktische Überlegungen nutzen.

Abb. 22:
HF-Verlauf eines Ruderers (4-) in einer Trainingseineinheit 3 x 7 Minuten (Kat. III)

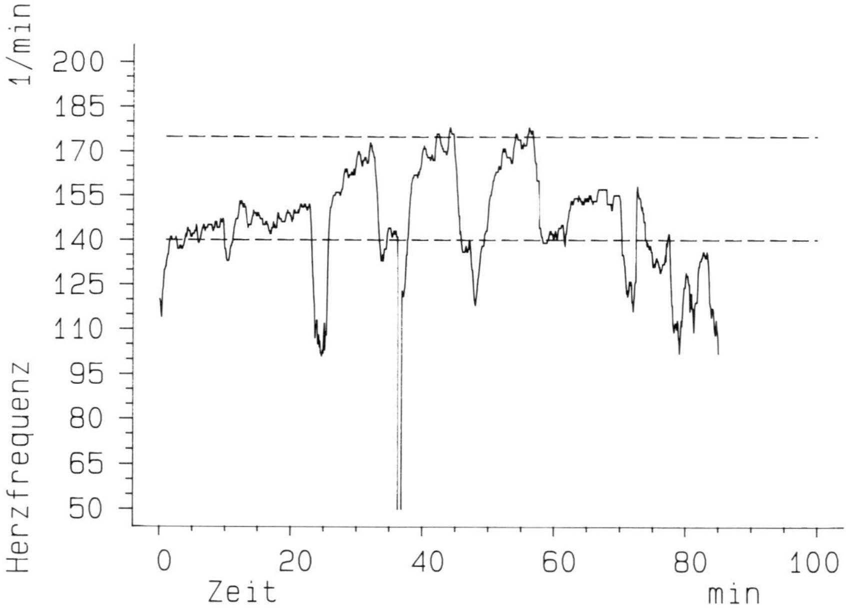

Abb. 23:
HF-Verlauf eines Ruderers (1x) in einer Trainingseinheit 3 x 7 Minuten (Kat. III)

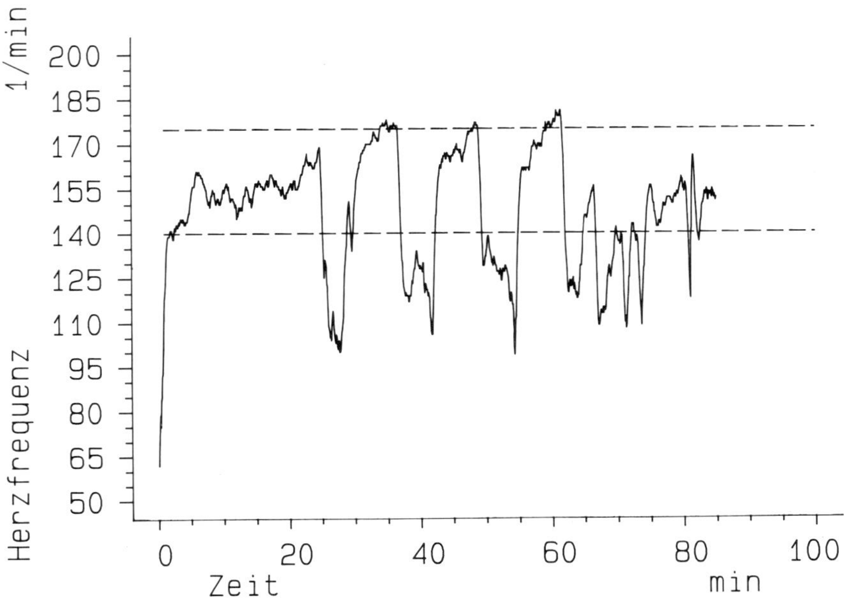

Abb. 24: Das Training der aeroben Ausdauer

	Aerob-Extensiv → **Aerob-Intensiv** **Grundlagenausdauer** →
Intensität	1,5 · 2,5 · 3,0 · 4,0 · >6,0
Kategorie	VI · V · IV · III
Trainingsziele	← Technikschulung → Regeneration · Max. Lac-Steady-St. HK-Ökonomisierung → Kapillarisierung Musk. Fettstoffwechseltraining · KH-Stoffwechseltraining Stabilisierung · Entwicklung Ae. Ausd. Steigerung VO_{2max} Anheben der anaeroben Schwelle
Dauer der Belastung	30' (Regen.) mehrere Std. - 120' · 90' · 60' · 30'
Herzfrequenz (ca.-Wert)	120 · 140 · 150 · 155 · >160 · >170
Prozent VO_{2max}	60 % · 70 % · 80 % · 85 % · 90 % · 95 %
Eignung der T-Formen und T-Mittel	
Rudern	→
Windrad	→ · →
Ru-Becken	→
Ergometer	→
Skilanglauf	→
Schwimmen	
Radfahren	→
Ausdauercircuit	→
Laufen	→ · →
Bergläufe	→
Physiologische Parameter	
Lac-Leist-Kurve	→
Aerobe Schwelle	→
Anaerobe Schwelle	→
Herzfrequenz	→
VO_{2max}	→
Regeneration	
schnell	laufend → · 1,5 - 2 h · 2 - 3 h
vollständig	12 h · 24 - 28 h · 24 - 36 h

III. Die Entwicklung der physischen Leistungsfaktoren

1. Die Entwicklung der aeroben Ausdauer

Über 80 % der Gesamttrainingszeit und über 90 % des Zeitumfangs im Wassertraining dienen zur Entwicklung oder Stabilisierung der aeroben Ausdauer, wobei es verschiedene aerobe Ausdauerformen, die sowohl physiologisch als auch methodisch gesehen unterschiedliche Funktionen und Trainingswirkungen zeigen, zu beachten gibt. Die Intensität der Belastungen kann zwischen einer Lactatentwicklung von ca. 1,5 bis ca. 6 - 8 mmol/l liegen. Im höheren Bereich handelt es sich um ein (z.T.) individuelles maximales Lactat-steady-state, das nur über einen relativ kurzen Zeitraum gehalten werden kann. Ein Training in diesem Bereich ist aus stoffwechseltechnischen Gründen und der notwendigen Regenerationszeiten nicht allzu häufig möglich.

Grundlagenausdauer

Die *Entwicklung der aeroben Ausdauer in niederigen und mittleren Intensitäten* (Kategorien VI und V) ist, entsprechend der Übertragbarkeit auf die physiologische Ebene, scheinbar *relativ unabhängig von der Trainingsform.* Ziel des Trainings ist es jedoch, das Niveau dieser *Grundlagenausdauer* speziell in der Wettkampfübung hoch zu entwickeln, um damit den physiologischen Trainingswirkungen mit den methodischen Trainingszielen, wie z.B. einer ausgeprägten ruderspezifischen Bewegungsökonomie, Rechnung zu tragen. Spezielle Trainingsformen und für die physiologische Wirkung zum Teil auch allgemein-entwickelnde Trainingsformen können im aeroben Ausdauertraining der geringen bis mittleren Intensitäten auch zur spezifischen aeroben Ruderleistung beitragen, die Übertragbarkeit der Wirkungen auf die Zielsetzungen lassen mit zunehmendem Alter bzw. Trainingsalter und Leistungsniveau nach. Während der Begriff Grundlagenausdauer im Grundlagentraining durchaus fast gleiche Anteile der Einheiten in der Wettkampfübung, den speziellen und allgemein-entwickelnden Trainingsformen enthalten kann, muß sich – wenn man von Grundlagentraining im Rennrudern und Hochleistungstraining spricht – der Schwerpunkt eindeutig in Richtung Wettkampfübung verlagern. Die Ziele des Grundlagenausdauertrainings bleiben jedoch in allen Zielbereichen gleich:

1. Die Entwicklung und Stabilisierung der aeroben Leistungsfähigkeit im Gesamttrainingsprozeß und innerhalb eines Trainingsjahres
2. Die Verbesserung der Regenerationsfähigkeit nach intensiven Belastungen; damit ist auch gleichzeitig eine Effektivierung der nachfolgenden Belastungen verbunden
3. Die Stabilisierung der Wettkampfleistung bei dicht aufeinanderfolgenden Regatten in der Wettkampfperiode auch über einen längeren Zeitraum

Zentrales Entwicklungsmerkmal der Grundlagenausdauer ist der Umfang der Belastung. Dennoch gilt der Intensität ebenso Beachtung zu schenken: ist die Intensität zu hoch, können entsprechende Umfänge nicht eingehalten werden, der Fettstoffwechsel als Hauptenergielieferant tritt gegenüber dem Kohlehydratstoffwechsel in den Hintergrund. Ist die Intensität zu gering, kommt es zu keiner Belastung, man verschwendet – zumindest hinsichtlich einer physiologischen Leistungsentwicklung – Zeit. Es gilt demnach, in Abstimmung zwischen Umfang

und Intensität der Trainingsbelastung die aerobe Ausdauer und gleichermaßen die Stoffwechselökonomie zu verbessern.
Entsprechend dem Leistungsstand, der Einbindung in den Gesamttrainingsplan usw. kann man den Umfang des Grundlagenausdauertrainings zwischen 30 und 120 Minuten (in bestimmten Fällen auch bis zu mehreren Stunden) angeben, die Lactatentwicklung über diesen Zeitraum sollte zwischen 1,5 und 2,5 mmol/l liegen, 3 mmol/l nicht überschreiten.

Die Gestaltung der Trainingsinhalte

Die Gestaltung der Trainingsinhalte zur aeroben Ausdauerschulung, extensiv wie intensiv, ist in vielfältiger Weise möglich und sollte auch immer variiert werden. Mit der Forderung nach einer großen Reizdauer bzw. einem großen Umfang des Trainings ist bereits angedeutet, daß die Belastung in einer Trainingseinheit immer über der Reizschwelle liegen sollte. Von der Struktur des Ausdauertrainings her können prinzipiell folgende Trainingsformen unterschieden werden (Abb. 58).
Die Frage, ob man das aerobe Ausdauertraining mit mittleren Schlagfrequenzen (23 - 25) durchrudern sollte, oder ob man die Einheiten mit niedrigeren Frequenzen (18 - 20) und höheren Krafteinsätzen bewältigen sollte, hängt von den spezifischen Zielen ab. Beide Varianten können, gemessen an den Herzfrequenzbelastungen, durchaus die gleiche Intensität besitzen.
Dieser Punkt läßt sich nicht endgültig klären. Der Vorteil der ersten Variante besteht vielleicht darin, daß die Schlagstruktur - ein regelmäßiges Krafttraining an Land und im Boot zusätzlich vorausgesetzt - Vorteile bezüglich einer Harmonisierung des Bewegungsablaufs bringen kann, sowohl für den einzelnen Ruderer als auch hinsichtlich der mannschaftsinternen Koordination. Die zweite Variante erlaubt mehr Energieeinsatz für das Rudern selbst, da die geringere SF Energie einspart durch die verminderten Rollwiderstände. Es ist im Einzelfall abzuwägen, ob in der Trainingseinheit eher der Kraftausdaueraspekt oder die technische Ökonomisierung und Kreislaufwirkung im Vordergrund stehen soll. Auf hohem Leistungsniveau wird auch die zweite Variante lediglich einen stabilisierenden Effekt auf die Kraftausdauer haben.
Die Beispiele folgender Herzfrequenzverläufe verdeutlichen die verschiedenen aeroben Dauertrainingsformen. Die Trainingseinheiten hatten einen Umfang von durchschnittlich 90 - 110 Minuten; die Herzfrequenzmesser waren meist nur auf 90 Minuten programmiert.

Abb. 25: Formen des Audauertrainings im Rudern

Belastung	Charakteristik	Zielsetzung	Intensität
Kontin. Dauerbelastung	konstante SF und konst. Geschwindigkeit	Stabilisierung und Entwicklung aerober Kapazität; Ökonomisierung der biologischen Systeme, Fettstoffwechseltraining	VI, V SF 18 - 23/25
Progressive Dauerbelastungen	Geschwindigkeit und/oder SF wird in kleinen Stufen gesteigert, z.B. alle 2000 m um 1 Sec.	schnellere Entwicklung der aeroben Kap.; Fett --> KH-Stoffwechsel	V, IV SF 18-19-20-21-22-23-24-25-26
Dauerbelastungen mit alactaziden Einlagen	SF und v konst. ca. alle 5-10' 10-15 Schläge mit höherer Schlagfrequenz (SF)	Stabilisierung komplexer Fähigkeiten, Verhinderung stereotyper Trainingsformen	V, IV SF 22-23 alle 5' 10 Schläge 34/36
Systematische oder belieb. SF-Wechsel (aerob)	v wird variiert durch SF- oder Krafteinsatz-W.	Entwicklung der aeroben muskul. Kapazität. Höhere Intensität wird d. geringere SF+ hohen Krafteinsatz kompensiert, Willensanford.	V --> IV 3' SF 22/23 3' SF 18/19 3' SF 25/26 3' SF 22/23 usw.
Systematischer oder beliebiger Wechsel (komplex)	v variiert über SF-und K-Wechsel in Verbindung mit alactaziden Belastungen	Entwicklung der aerob. Ausdauer auf hohem Niveau, Entwicklungsreiz auch für spezielle Ausdauer, Konzentrations- und Willensanford.	IV --> III 3' SF 23/24 2' SF 26/27 3' SF 18/19 10 Schl. 34 3' SF 25/26 1' SF 27/28 4' SF 21/22 usw.
Test- und Kontrollmethoden	kontin. Steigerung der SF bzw. Leistung bis zum Abbruch	Conconi-Test o. ä. Stufentest	alle 30" 2 S. mehr, Beginn bei 16-18 oder 200-250 W Kat. IV-III
	Strecke wird festgelegt: Zeit?	LS-Tests	z. B. über 5000-10000 m IV-III
	Zeit oder SF fest: wieviel m wird gerudert?		z. B. 45' oder 2 x 20' SF 20 V-IV-III

Abb. 26:
Kontinuierliche Dauerbelastung
Trainingsprogramm: 60' GLA (Lauf) V - VI

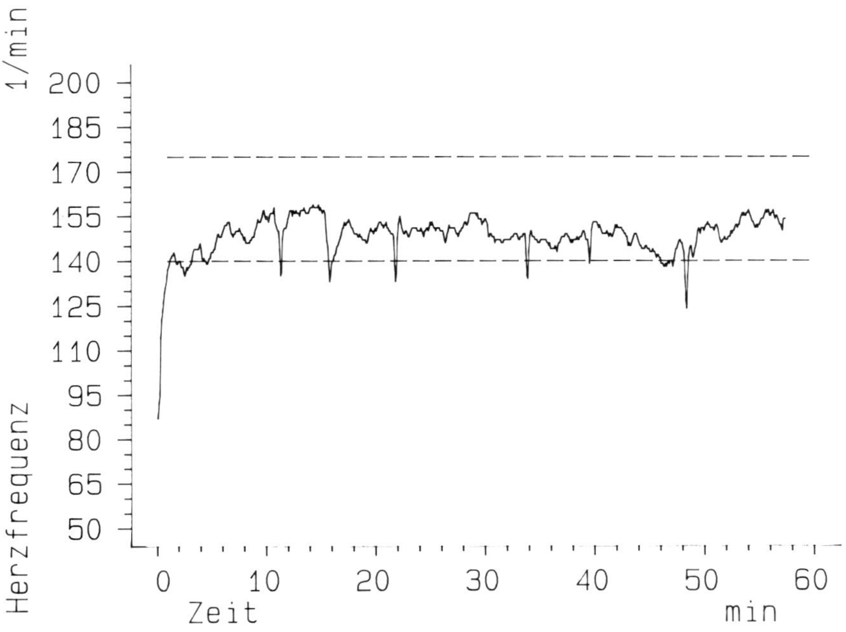

Abb. 27:
Dauerbelastung mit beliebigen Intensitätswechsel (Trimmsportler) 90' GLA (Rad) V - IV

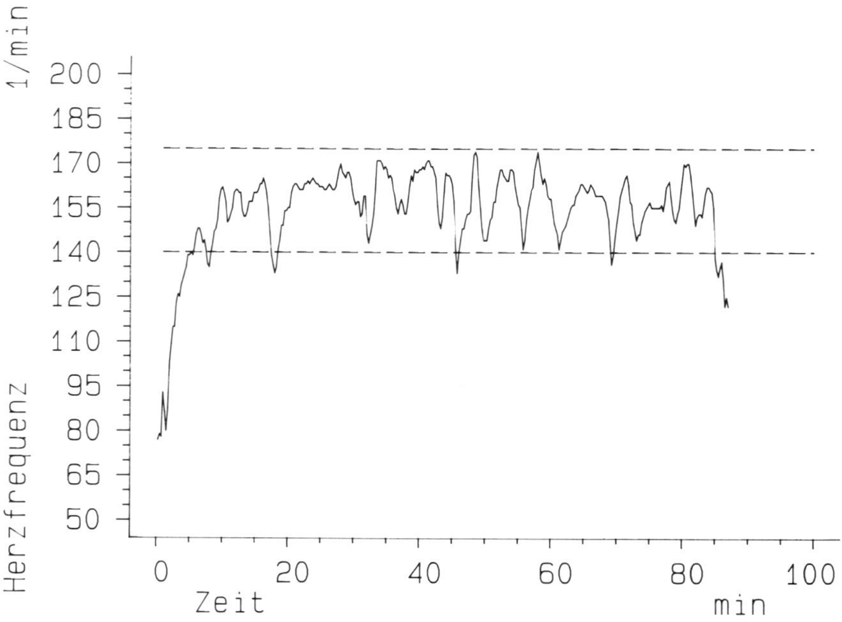

Der Versuch des Sportlers, im aeroben Entwicklungsbereich zu radeln, wird durch die Steigungen und Gefälle in der Streckenführung nicht gerade unterstützt. Selbst kurze Gefälle lassen die HF schnell sinken, so daß aus dieser 90minütigen Belastung effektiv vielleicht nur 60' im gewünschten Bereich werden. Deutlich geringere Schwankungen sind im 1. Beispiel zu erkennen (Lauf), obwohl auch hier Gefälle vorhanden waren.

Abb. 28:
Dauerbelastung mit beliebigen Intensitätswechsel (Hochleistungsruderer)
Programm: Aktive Erholung nach Belieben des Sportlers; tatsächlich: 150'
GLA (Rad) VI - V

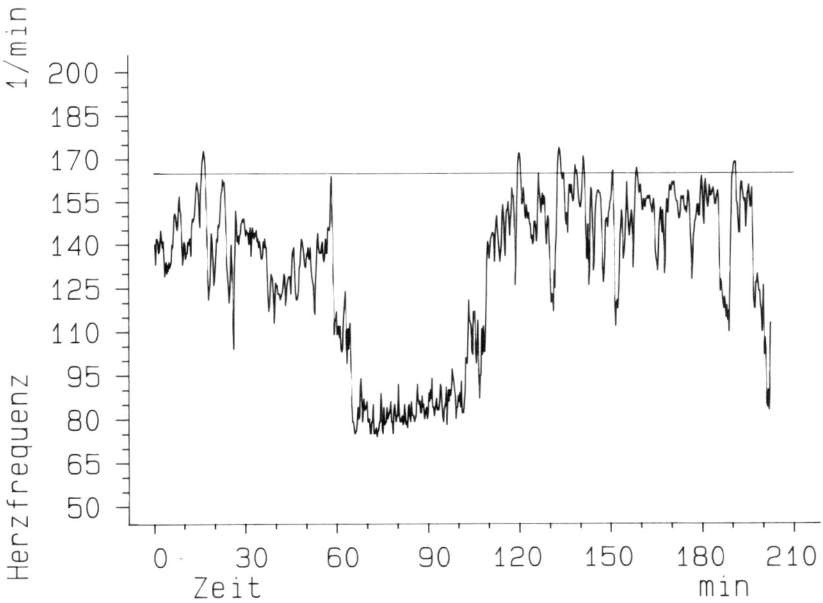

Die stark strukturierte Radstrecke spiegelt sich auch hier in der stark variierenden HF-Kurve wider; deutlich erkennbar die 45minütige Kaffee-Pause.

Abb. 29 und 30:
Kontinuierliche Dauerbelastung mit systematischen Intensitätswechsel: 80' Rudern VI - V, darin 1 x 20' Schlagfrequenzwechsel (SF-W) Kat. IV

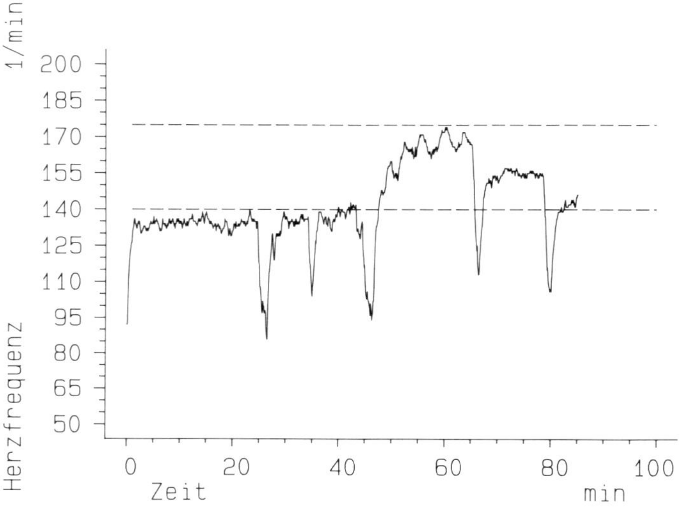

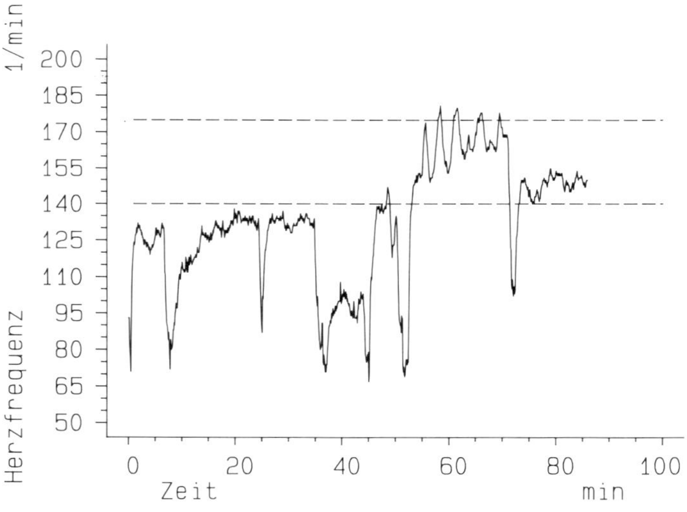

Der Ruderer in Abb. 29 spricht weitaus mehr auf die SF-Wechsel an. Die Intensität vor der Belastung in Kategorie IV lag zu niedrig.

Abb. 31, 32, 33:
Intensive Dauerbelastungen (kontinuierlich und progressiv):
100’ Rudern V, darin 2 x 20’ IV, P 5’ ansteigende SF (ca. 23 - 26).

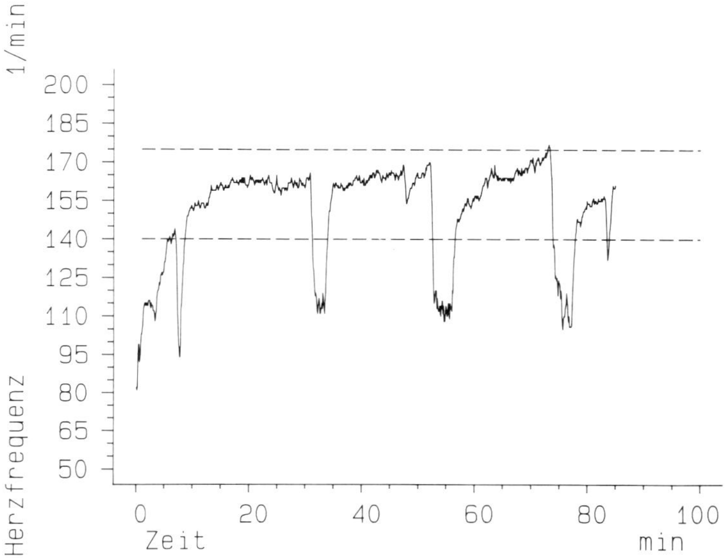

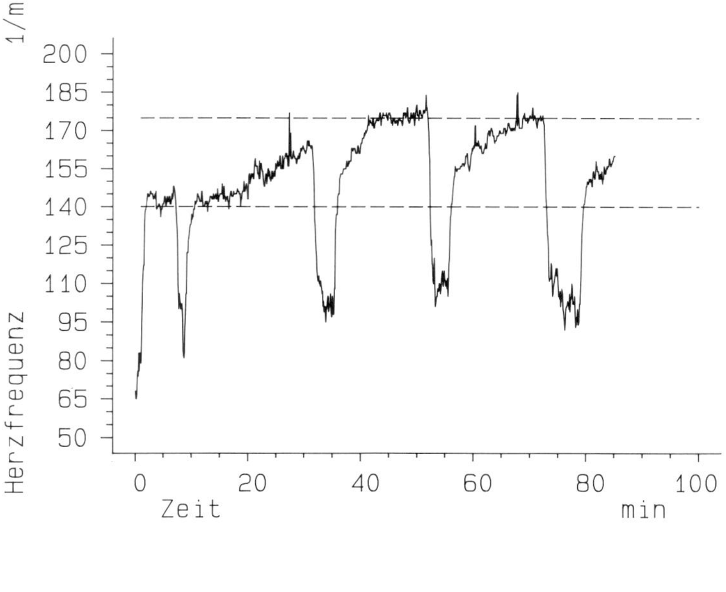

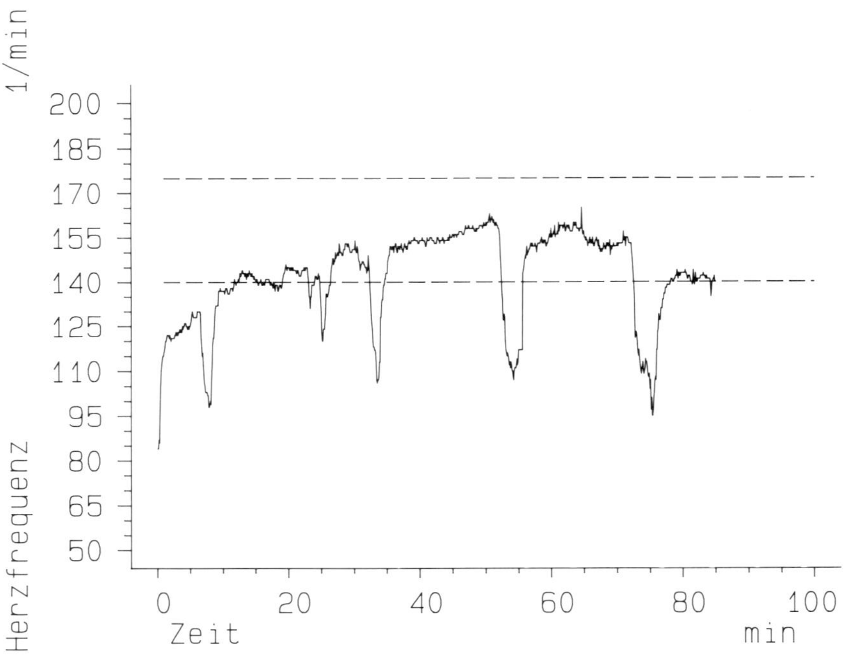

Die Ruderer aus drei verschiedenen Booten (4x, 4- und 8+) zeigen deutliche Unterschiede bereits in der Phase des Einruderns. Während der Ruderer in Abb. 30 (4x) wohl das Einrudern zu intensiv gestaltete und deshalb die nachfolgende Belastung verringern mußte, indem er den progressiven Anstieg der SF weg ließ, ist bei den anderen der deutliche Anstieg auch in der HF zu erkennen. Der unterschiedlich hohe Puls bei den Ruderern in den Abb. 31 (8+) und 32 (4-) ist individuell bedingt; er läßt keine Aussage über die innere Belastung der Ruderer zu.

Abb. 34:
Kontrollbelastung über bestimmte Zeit mit vorgegebener SF (28): 100' Rudern V - VI, darin 40 Minuten SF 28/29 IV, nach Lac-Abnahme sofort weiter.

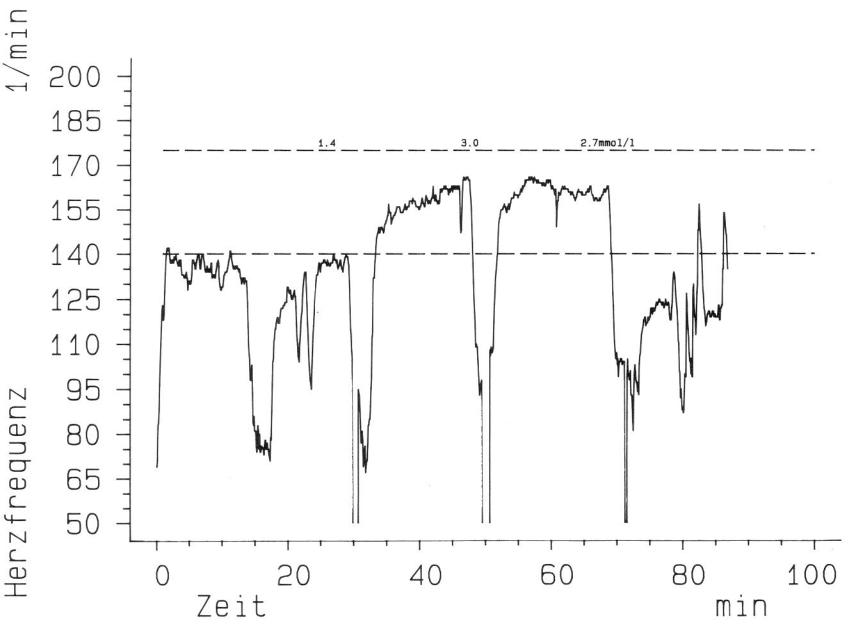

Das Einrudern erfolgte in Kat. V - VI (Lac 1,4 mmol/l), die weitere Trainingsbelastung über ca. 40' in IV mit jeweiliger Lac-Abnahme bei der Wende und am Schluß (3.0 und 2,7 mmol/l). Obwohl mit annähernd gleichen Herzfrequenzen gerudert wurde, bewirkte die durch Windeinflüsse bedingte SF-Veränderung einen leicht veränderten Lactatwert. Im ersten Teil herrschte starker Gegenwind (SF 27), im 2. Teil Mitwind (SF 29).

Abb. 35:
Kontinuierliche Dauerbelastung:
60' (12 km) VI (Regeneration)

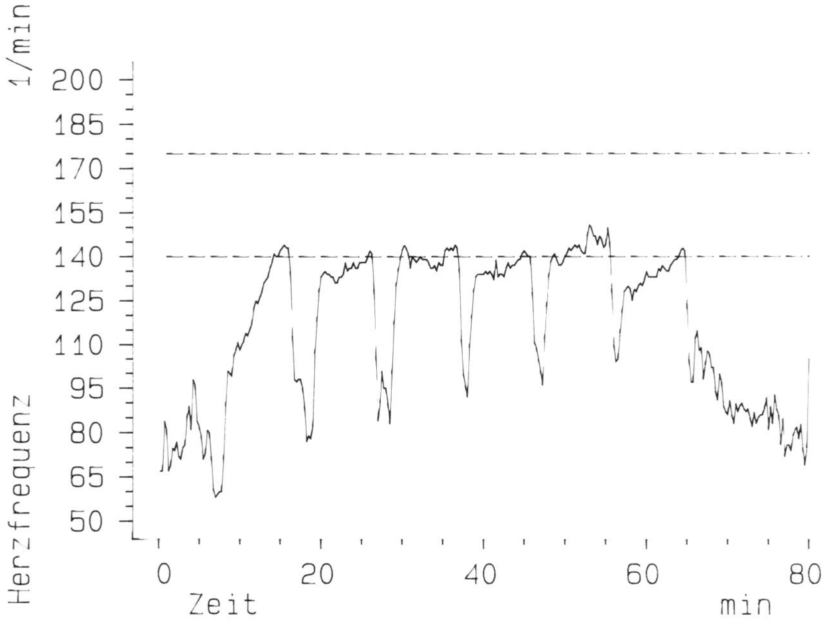

Durch die Einschränkungen in der vorhandenen Ruderstrecke bedingt (2000 m Regattastrecke) fällt die HF nach ca. 6 - 7 Minuten immer wieder stark ab. Erkennbar auch hier die Gegenwind- (1., 3. und 5. Bahn) und die Mitwind-Bahn (2., 4. und 6. Bahn), die selbst bei dieser sehr geringen Intensität HF-Unterschiede zwischen 5 und 10 Schlägen/ Minute, bei gleicher SF auf den einzelnen Bahnen erkennen lassen.

2. Krafttraining im Rennrudern

Zwei *Forderungen des Ruderwettkampfes*, nämlich

a. das Rudern bei vorgegebener SF und Schlaglänge so schnell wie möglich und
b. auf einem möglichst hohen Kraftniveau

durchzuziehen, erfordern die Entwicklung von spezifischen Kraftfähigkeiten, die sich in unterschiedlichen Ausprägungsformen darstellen und mit Hilfe unterschiedlicher Trainingsformen entwickelt werden müssen.
Vom Krafttraining für Ruderer sprechen wir dann, wenn die Belastung pro Übung oder Ruderschlag höher ist als die in einem Ruderrennen mit seinen ca. 240 Schlägen notwendige durchschnittliche Belastung pro Schlag. Krafttraining im Rennrudern kann demnach nur stattfinden, wenn eine höhere Belastung, z.B. durch Zusatzbelastungen wie Gewichte, Hanteln, eigenes Körpergewicht etc., notwendigerweise auch eine geringere Wiederholungszahl bei den Übungen als die in einem Ruderrennen erforderliche, ermöglicht. Keinen kraftentwickelnden Trainingseffekt haben Belastungen für einen Rennruderer, die er mit ähnlicher Intensität und Dauer wie in einem Rennen überwinden kann.

Zielsetzungen des Krafttrainings

Das Krafttraining im Rennrudern umfaßt fünf Zielsetzungen:

1. Allgemeine Kräftigung (Maximalkraft)

Hierbei geht es um den notwendigen Muskelaufbau (Hypertrophie), der die Maximalkraftfähigkeit der wichtigsten Muskelgruppen des Ruderers steigert und damit auch einen entscheidenden Beitrag zur leistungsbestimmenden Kraftausdauerfähigkeit liefert. Diese Fähigkeit meint die Erzeugung maximaler, willkürlicher Muskelzugspannungen, um im Rudern größtmögliche Kräfte zu überwinden.
Im allgemeinen ist eine hinreichend gute Kräftigung erreicht, wenn z.B. beim „Bankziehen" das Körpergewicht plus 10 - 20 % gezogen wird (ein 80 kg schwerer Ruderer müßte demnach ca. 90 - 95 kg hochziehen können); bei der Kniebeuge wird etwa das doppelte Körpergewicht angegeben.

Beispiel 1: Allgemeine Kräftigung (Maximalkraft)
A. 15 - 20 Min. Aufwärmen und vorbereitende Gymnastik B. Hauptprogramm 3 - 5 x 12 x Umsetzen 3 - 5 x 15 x Bauchmuskelübung (z.B. Ratzeburger) 3 - 5 x 12 x Kniebeuge oder Beinstoßen 3 - 5 x 12 x Klimmzüge 3 x 12 x Bankdrücken ――――――― 180-280 WH ca. 20 Min. auslaufen, Windrad rudern, Lockerungsgymnastik

2. Explosivkraft

Im Hinblick auf eine rudertechnische Vervollkommnung reicht diese Art der Maximalkraft nicht aus: die Optimierung der Schlagstruktur im Rudern wird vor allem bei hohen Schlagfrequenzen und Bootsgeschwindigkeiten auch durch die Geschwindigkeit des Kraftanstiegs nach dem Wasserfassen bestimmt. Der notwendige, möglichst steile Anstieg der Kraftverlaufskurve bedingt eine hohe Explosivkraft, die vor allem mit Hilfe der Methode der intramuskulären Koordination (IK-Training) herausgebildet werden kann.

Beispiel 2 (Hauptprogramm): Explosivkraft (IK-Training)
3 - 2 - 1 - 2 - 3 Wiederholungen mit entsprechend maximal angepaßten Gewichten in folgenden Übungen: - Umsetzen oder Anreißen - Beinstoßen oder Kniebeugen - Bankziehen

3. Kraftausdauer intensiv

Unter den Ausprägungsformen der Kraft, die im Rudern eine Rolle spielen, stellt die Kraftausdauer die wesentlichste Form dar. Entsprechend der vorrangigen Energiebereitstellung müssen jedoch zwei Formen der Kraftausdauer unterschieden werden: Intensive (lactazide oder anaerobe) Kraftausdauer und aerobe Kraftausdauer.

Die intensive Kraftausdauer stellt neben der aeroben Ausdauer die zweitwichtigste Fähigkeit des Rennruderers dar. Dafür sprechen die hohen Lactatwerte nach jedem Ruderrennen. Ein Training dieser Fähigkeit versucht, die lactazide Energiebereitstellung und eine hohe Lactattoleranz zu verbessern. Dafür ist eine Belastungsdauer zwischen 40 und 120 Sekunden pro Belastungsreiz erforderlich, wobei die Intensität, die durch den Widerstand (Gewicht), durch die Bewegungsfrequenz und durch den Umfang und die Dauer der Krafteinsätze gesteuert werden kann, für die jeweilige Reizdauer optimal hoch sein soll.

Beispiel 3: Kraftausdauer II		
Sit-ups	3 x 25 - 30 WH	hintereinander mit 20" Pause
Beinheben	3 x 25 - 30	
Rücken	4 x 20	
Klimmzüge	4 x 6 - 8	
Zugapparat	4 x 20 - 25	
Bankziehen	4 x 25 - 30	
Bankdrücken	4 x 20	
Einwürfübung	3 x 20	
Beinbeuger	3 x 20	
Kniebeuge	5 x 20	
Beinstoßen	4 x 25	
Spezial	3 x 25	
	ca. 950 WH	

Pause nach jeder Übung ca. 2 - 3 Min. Steigerungen erst über Serien, dann WH-Zahlen, z.B. Zugapparat 4 x 20 - 25, dann 5 x 25 und 6 x 30 bis maximal.

Beispiel 4: Kraftausdauer III
1. 5' Ergo mit SF 20 max. Krafteinsatz 2. 30 x Sit-ups 3. 12 x Klimmzüge 4. 20 x Beinstoßen 5. 25 x Bankziehen 6. 20 x Bankdrücken 7. 20 x Spezial 675 - 900 WH (bei 3 - 4 Runden)

Insgesamt 3 - 4 Runden. Für Übungen 2 - 7 sollten nicht mehr als 5 - 6' benötigt werden, so daß pro Runde etwa 10 - 11' benötigt werden. Pause nach jeder Runde 2 - 5 Minuten (je nach Konditionsstand).

Beispiel 5: Kraftausdauer I (Circuit)	
Circuit mit 3 - 5 Runden in flotter Ausführung	
1. Strecksprung-Klimmzug	15 x
2. Bankdrücken	20 x
3. Bankziehen	30 x
4. Kniebeuge/Beinstoß	20 x
5. Ratzeburger	10 x
6. Einwurfübung	20 x
7. Adlerschwingen	20 x
8. Anreißen	20 x
9. Ganzkörperübung	20 x
10. Spezial	30 x
	620 - 1020 WH

Pausen zwischen den Stationen möglichst gering halten, nach jeder Runde 2 - 5'.

Beispiel 6: Kraftausdauer Boot (KA-W)		
SF 18-20	30	Schläge mit maximalem Kraft-
	40	einsatz (paarweise/einzeln) im
	50	Großboot oder mit Bremswi-
	60	derständen am Boot
	50	
	40	Programm kann auch auf 2 Se-
	30	rien verlängert werden
	ca. 300 (- 600) Schläge	

Folgende Lactatkonzentrationen ergaben sich jeweils nach den Durchgängen eines intensiven Kraftausdauer-Circuits im Durchschnitt bei 22 WM-Ruderern während eines Trainingslagers. Das Trainingsprogramm (Circuit) war als Belastung einem 70minütigen Rudertraining (Kat. VI) vorgeschaltet und bestand aus nachstehenden Übungen:

Übungen KA-Programm (Circuit 3 Runden = ca. 800 WH):

Bankziehen	30 x
Strecksprünge	30 x
Sit-ups	25 x
Kniebeuge	25 x
Klimmzüge	10 x
Liegestütze	20 x
Spezial	25 x

Keine Pausen zwischen den Stationen, nach jeder Runde ca. 2 - 4 Minuten Pause

Abb. 36:
Lactatkonzentration KA-Training LG 89

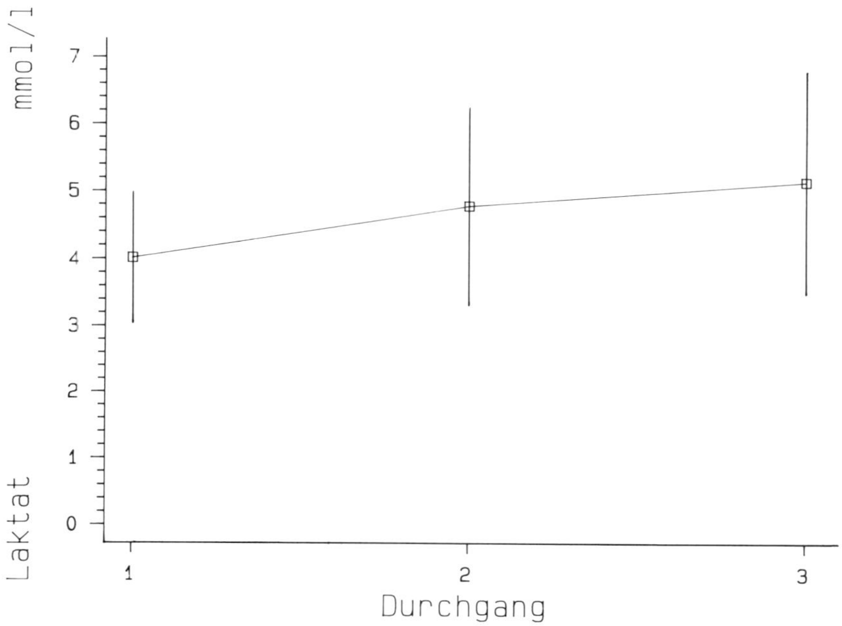

4. Aerobe Kraftausdauer

Diese Art von Kraftausdauertraining ist hinreichend durch die Wettkampfübung Rudern und den da bereits besprochenen Ausdauertrainingsformen abgedeckt. Auf hohem Leistungsniveau dient diese Art des „Kraft-“ trainings eher der Stabilisierung des KA-Niveaus, während es zu Beginn eines Grundlagentrainings auch durchaus entwickelnden Charakter in komplexer Hinsicht haben kann. Dieser Trainingsform im Ausdauertraining entsprechen Belastungen der Kategorie IV und V.

Beispiel 7: Kraftausdauer Boot (KA-W aerob)			
SF	16	5 Minuten	Pausen ca. 6 - 10 Minuten mit flüssigem Rudern in Kat. VI (SF 21 - 22)
	20	6	
	18	8	
	20	6	
	22	5	
		ca. 30 Minuten	

5. Schnellkraftausdauer

Gerade zu Beginn eines Rennens, aber auch in der Endspurtphase eines Rennens ist Schnellkraftausdauer erforderlich. Während der ersten 12 – 20 Schlägen ist oftmals aus taktischen Gründen eine sehr hohe Intensität notwendig; zudem wird aufgrund der Trägheit der anderen Energiebereitstellungsprozesse der Phosphatspeicher sehr stark beansprucht.
Ziel dieses Krafttrainings ist die Vergrößerung der Phosphatspeicher und eine hohe Lactattoleranz, wozu eine Belastungszeit von 30-45 Sekunden pro Reiz notwendig wird. Dies entspricht einer Wiederholungszahl von ca. 15 - 25 bei den für ein Rudertraining üblichen Übungsformen. Aufgrund der notwendig hohen Frequenz sollte dieses Krafttraining vornehmlich in der Wettkampfübung, allenfalls in sehr spezieller Weise an Land durchgeführt werden.
Als spezielle Trainingsform ist es sinnvoll, die Steigerung der Belastung zunächst über die Anzahl der Wiederholungen, dann durch die Gewichtsbelastung vorzunehmen. Diese sehr hohe und komplexe Trainingsbelastung, die neben der physischen auch im besonderen die psychischen Komponenten eines Ruderers beansprucht, ist während des Trainingsjahres auf ein erforderliches Minimum zu beschränken.

Beispiel 8: Schnellkraftausdauer (SKA)		
Anreißen	3 x	15 x WH
Strecksprünge mit Belastung	3 x	25 x
Bankziehen	3 x	20 x
Spezial	3 x	20 x
		ca. 240 WH

Übungen müssen explosiv und mit hoher Geschwindigkeit absolviert werden, die Pausen zwischen den Belastungen betragen 2 - 4'. Das Training kann auch als Circuit durchgeführt werden.

Abb. 37: Methoden des Krafttrainings

	Gewicht	Ausführ.	Wiedhl.	Serien	Pausen
Allgemeine Kräftigung (Hypertrophie)	75 - 90 % (HLT)	zügig-langsam	6 - 10	3 - 6	2 - 4'
	60 - 75 % (GLT)				
Regeneration		volle Regen.		unvollkommene Regen.	
	zw. Serien	4 - 6'		2 - 4'	
	zw. TE	36 - 48 h		18 - 24 h	
Explosivkraft (intramuskuläre Koordination)	90 - 100 %	explosiv	1 - 3	4 - 6	3 - 5'
	75 - 95 %		1 - 6	3 - 4	3 - 5'
Regeneration	zw. Serien	3 - 5'			
	zw. TE	ca. 48 h			
Kraftausdauer intensiv	40 - 60 %	zügig-explosiv	45 - 120" 25 - 80	4 - 6	30 - 90"
	30 - 50 %	zügig	45 - 90" 25 - 50	4 - 6	30 - 90"
Regeneration	zw. Serien	15 - 30'		30 - 90"	
	zw. TE	ca. 48 - 72 h		18 - 24 h	
Aerob Extensiv	30 - 50 %	zügig-langsam	2 - 5' 40 - 150	4 - 6	30 - 60"
Schnellkraft-ausdauer	40 - 60 %	explosiv schnell	30 - 45" 15 - 30	5 - 8	2 - 4'
	30 - 50 %			4 - 6	2 - 4'
Regeneration	zw. Serien	4 - 6'		2 - 4'	
	zw. TE	36 - 48 h		18 - 24 h	

Anteile der Erscheinungsformen verschiedener des Krafttrainings im Gesamttrainingsprozeß

Versucht man die verschiedenen Krafttrainingsformen in ihren jeweiligen Anteilen des Gesamttrainingsprozesses darzustellen, dann ergibt sich folgendes Bild:
Die *allgemeine Kräftigung* verliert mit zunehmendem Trainingsalter immer mehr an Bedeutung, wenn man davon ausgehen kann, daß bis zum Beginn des Hochleistungstrainings ein hinreichend hohes Kraftniveau erreicht ist und daß weitere Bemühungen in dieser Richtung in erster Linie nur der Stabilisierung dienen. In der relativen Verteilung bedeutet dies ein Rückgang von 50 % zu Beginn des Grundlagentrainings (GLT) bis auf ca. 10 % im Hochleistungstraining (HLT).
Das Training der *Explosivkraft* dagegen setzt erst Mitte des GLT ein, da anzunehmen ist, daß der noch wenig spezifizierte Sportler bis zu dem Alter in dieser Hinsicht auch von anderen Trainingsformen entwickelt werden kann. Der relative Rückgang von ca. 20 auf 10 % bedeutet nicht

Abb. 38:
Das Krafttraining im langfristigen Leistungsaufbau

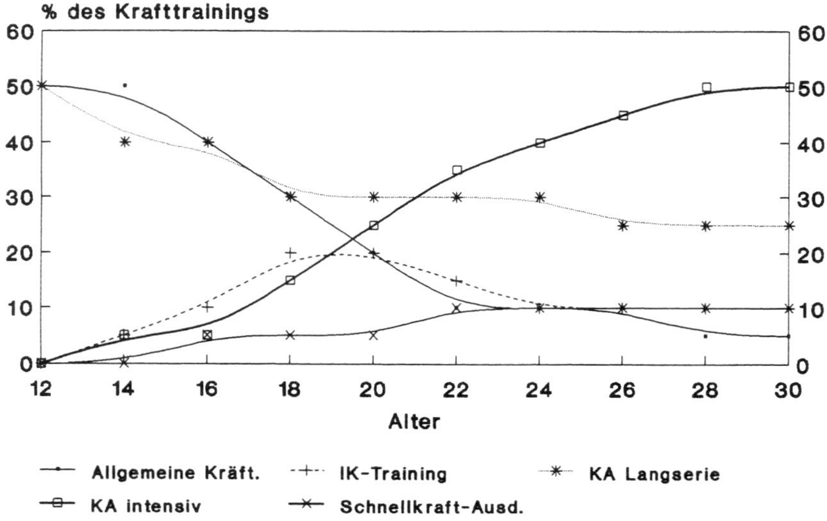

unbedingt, daß weniger IK-Training (intramuskuläres Koordinationstraining) betrieben wird; auf die Saison verteilt, kann der Gesamtumfang durchaus beibehalten werden.
Desgleichen gilt für den Anteil des *aeroben KA-Trainings*, hier ist sogar absolut gesehen und im Zuge einer stetigen Umfangserhöhung mit einem Anstieg zu rechnen. Relativ jedoch gewinnt diese Form - wie bereits mehrfach erwähnt - KA-stabilisierenden Charakter im Laufe eines Trainingsprozesses.
Während das *Schnellkraftausdauertraining* (SKA-Training) auf dem erwähnt niedrigen Gesamtniveau bleibt, gewinnt das intensive oder lactazide KA-Training spätestens ausgangs des GLT die zentrale Bedeutung im Rudertraining.

Die Verteilung der Krafttrainingsformen im Jahreszyklus

Allgemeine Kräftigung	:	******
Explosivkraft	:	^^^^^^
Kraftausdauer aerob	:	xxxxxx
KA lactazid	:	>>>>>>
Schnellkraftausdauer	:	++++++

Abb. 39: Grundlagentraining

```
   ************           ******        * * * *         ***

              ^^^^^^  ^^      ^^^^          ^ ^ ^ ^

xxxxxxxxxxxx       xx  xxxxx    xxxxxxxxxxxxxxxxxxxxxxxxxxxxxx      xxxx

                  >>>            >>>>>>>                >>>>>

                                                 +++       +++

 OKT   NOV   DEZ   JAN   FEB   MAR   APR   MAI   JUN   JUL   AUG   SEP
```

Abb. 40: Rennrudertraining

```
   ********                *****
           ^^^^^^^^                ^^^^^
xxxxxxxxxxxx            xxxx    xxxxxxxxxxxxxxxxxxxxxxxxxx    xxxxxxx
       >>>>       >>>>>>        >>>>>>>>>   > > > > >           > > >>>
                                         +++          +++
OKT   NOV   DEZ   JAN   FEB   MAR   APR   MAI   JUN   JUL   AUG   SEP
```

Abb. 41: Hochleistungstraining

```
  * ****** * *
           ^^^^^     ^^^^^^^^
xxxxxxxxxxxx    xxx     x x xxxxxxxxxxxxxxxxxxxxxxxxxx x x xxxx    xxx
       >>>>>>>    >>>>        >>>>>>>>>>>>>>> > >>>>> > >>>>>>    >>>
                                                     + + +  +++
OKT   NOV   DEZ   JAN   FEB   MAR   APR   MAI   JUN   JUL   AUG   SEP
```

Grundsätze zur Durchführung des Krafttrainings

1. Für das Krafttraining an Land - insbesondere das Maximalkrafttraining - ist eine gute allgemeine körperliche Grundausbildung unbedingte Voraussetzung. Aus Erfahrung hat sich vor allem im Nachwuchsbereich bewährt, mit einem intensiven Krafttraining erst zu beginnen, wenn zu Beginn der Vorbereitungsperiode im Herbst eine 2 - 4wöchige Grundlagenausdauerentwicklung vorangesetzt wurde, deren Dauer abhängig vom Trainingsalter, Konditionsstand der Ruderer und dem Abstand zur Regattasaison ist.
2. Mit höherem Leistungsniveau sollte das Krafttraining in zunehmendem Maße in der Wettkampfübung stattfinden, ohne das spezielle Training an Land zu vernachlässigen. Ein spezifisches Krafttraining

im Boot erfordert allerdings bereits ein rudertechnisch hohes Niveau.
3. Die Übungen im Krafttraining sollten von den Sportlern auch alle bewegungstechnisch beherrscht werden. Die Verletzungsgefahr ist ansonsten zu groß. Maximalkraftübungen sollten immer mit mehreren Sportlern (als Hilfestellung) durchgeführt werden.
4. In allen Organisationsformen und Zielsetzungen des ruderischen Krafttrainings ist darauf zuachten, daß neben der Ausbildung der Hauptmuskelgruppen auch die Antagonisten nicht vernachlässigt werden.
5. Weniger die Wahl des Trainingsmittels als die exakte Dosierung ist entscheidend zur Erreichung des Trainingsziels. Allerdings gilt für den Ruderer auf hohem Niveau auch, daß seine Möglichkeit, die Vielfalt der Trainingsmittel auszuschöpfen, immer geringer wird. Spezielle Kraftausdauer- und Kraftentwicklung auf hohem Niveau bedingen den Einsatz ruderähnlicher Übungen bzw. das Rudern selbst.
6. Auftretende Beschwerden bei bestimmten Übungen sollten ernstgenommen werden; die Übung sollte aus dem Programm herausgenommen bzw. die Trainingseinheit unter Umständen abgebrochen oder eine alternative Belastung angesetzt werden.

3. Die Entwicklung der Schnelligkeit im Rudern

Erscheinungsformen der Schnelligkeit

Gemessen am Gesamttrainingsumfang im Rudern hat das Schnelligkeitstraining eine eindeutig untergeordnete Stellung, wenngleich es in zunehmendem Maße in allen Trainingsbereichen und über das ganze Jahr hinweg an Bedeutung gewinnt. Vor allem wirkt sich diese Fähigkeit auf die taktischen Möglichkeiten – und damit auf die erhöhte Chance, ein Rennen für sich zu entscheiden bei annähernd gleichen physiologischen Fähigkeiten der Gegner – aus, weshalb es im Hochleistungstraining immer mehr Beachtung findet.
Das Schnelligkeitstraining im Rudern kommt immer im Zusammenhang mit weiteren Trainingszielen vor; die Anforderungen betreffen vor allem die Konzentrationsfähigkeit der Sportler und die neuromuskulären Systeme. Schnelligkeitsverbessernde Belastungen können deshalb nur mit höchster Intensität und – mit Ausnahme des Schnelligkeitsausdauertrainings – alactazid, als sehr kurzzeitig durchgeführt werden.

Als motorische Eigenschaft des Menschen kann man die Schnelligkeit in vier verschiedene Faktoren unterscheiden:

1. *die Reaktionszeit* (die Zeit, die vom Startkommando bis zum Beginn einer willkürlichen Reaktion, dem ersten Schlag verstreicht)
2. die *Geschwindigkeit einer einzelnen Bewegung* (Durchzugsgeschwindigkeit; d.h. Schnelligkeit, mit der die Kraft auf den Antrieb des Bootes übertragen wird)
3. die *Bewegungsfrequenz* (im Rudern Schlagfrequenz über vorgegebene Schlaglänge)
4. die *Fortbewegungsgeschwindigkeit* (maximal hohe Geschwindigkeit des Bootes über festgelegte Distanzen; setzt sich aus der *Grundschnelligkeit* und der *Schnelligkeitsausdauer* zusammen)

Für das Rudern zu vernachlässigen ist die Reaktionsschnelligkeit, die auch im folgenden nicht weiter beachtet werden soll. Die Durchzugsgeschwindigkeit wird im Rudern in erster Linie durch die Kraft bestimmt, die in einen Ruderschlag investiert wird. In der Regel dauert ein Ruderschlag ca. 0,7 – 0,85 Sekunden, so daß hier der Anteil der Kraft besonders sichtbar wird. Ein Ruderschlag mit hohem Kraftaufwand ermöglicht einen größeren Ruderwinkel in der o.a. Zeit, oder: eine vorgegebene Schlaglänge ermöglicht bei höherer Durchzugsgeschwindigkeit höhere Schlagfrequenzen oder – bei gleicher SF – längere Freilaufphasen, die zur verbesserten Erholung zwischen den Schlägen beitragen.
Höhere Bewegungsfrequenzen können dazu beitragen, das Boot am Start aus der Ruhe in kürzerer Zeit zu beschleunigen bzw. taktische Varianten durch SF-Wechsel während des Rennens durchzuführen. Nun sind die Bewegungsfrequenzen im Rudern durch den enormen Kraftaufwand und den Arbeitswinkel im Vergleich zu anderen „Schnelligkeits-Sportarten" insgesamt gesehen nicht allzu hoch. Dennoch muß der Fähigkeit, hohe Frequenzen rudern zu können, Beachtung geschenkt werden. Entscheidende trainierbare Einflußgröße dieser Fähigkeit ist die Rudertechnik. Die Fortbewegungsgeschwindigkeit schließlich, die sich aus der Grundschnelligkeit (= Bewegungsamplitude x Bewegungsfrequenz) und der Schnelligkeitsausdauer (= Zeitspanne, über welche eine maximale Geschwindigkeit aufrechterhalten werden kann) zusammensetzt, ist eine komplexe Eigenschaft, die sich aus der Rudertechnik, der maximalen Kraft- und Schnellkraftausdauerfähigkeiten ergibt.

Mittel und Methoden des Schnelligkeitstrainings im Rudern

Die Verbesserung der Schnelligkeit im Rudern ist in entscheidendem Maße an die Wettkampfübung, dem Rudern, gebunden, wenngleich sich auch an Land die Voraussetzungen zur Entwicklung dieser Fähigkeit verbessern lassen. Die Voraussetzungen betreffen folgende Fähigkeiten:

1. die dynamische Kraft der beanspruchten Muskulatur
2. die Kontraktionsgeschwindigkeit der Muskulatur (hängt maßgeblich vom Anteil FT-Fasern in der beanspruchten Muskulatur ab)
3. die intermuskuläre Koordinationsfähigkeit (Technik)
4. die Beweglichkeit
5. anthropometrische Merkmale
6. die Viskosität der Muskulatur (d.h. der Reibungswiderstand der Muskelfasern. Sie wird reduziert durch eine Erhöhung der Körpertemperatur und vergrößert durch ein Absinken des pH-Wertes)

Beherrschen Ruderer und Mannschaften den Bewegungsablauf in einer mittleren und submaximalen Bewegungsgeschwindigkeit, können ansteigende Frequenzen mit submaximalem und maximalem Krafteinsatz eingeführt werden. Hierbei ist zu beachten, daß die Frequenzsteigerung nur soweit erfolgt, als die Bewegungsausführung noch technisch „gut" ist. Die Frequenzerhöhung darf nicht zur Verkürzung der Freilaufphase oder der Schlaglänge führen. Folgende Möglichkeiten zur Verbesserung der maximalen Bewegungsfrequenz stehen dabei zur Verfügung:

1. Über die Verkürzung der Schlaglänge die Bewegungsfrequenz übermäßig steigern: 10 - 15 Schläge halbe Schlaglänge mit ansteigender oder maximaler Frequenz bzw. ansteigendem oder maximalem Krafteinsatz.
2. Aus der Fahrt heraus werden über 10 – 15 Schläge allmählich Krafteinsatz und Frequenz über die gesamte Schlaglänge erhöht, nach Erreichen der maximalen Frequenz (z.B. nach 10 Schlägen) wird versucht, diese über 5 Schläge zu halten.

3. Erleichterung des Durchzugs (z.B. durch leichtere Hebeleinstellung) während einer Trainingseinheit und maximale Frequenzen aus der Fahrt heraus.
4. Für Ruderer in Kleinbooten hat sich bewährt, in regelmäßigen Abständen auch in einem Großboot der jeweiligen Ruderart (Achter oder Doppelvierer) zu rudern. Insbesondere werden hier - aufgrund der höheren Bootsgeschwindigkeit - die Umkehrbewegungen (Ausheben, Wasserfassen) notwendigerweise schneller durchgeführt. Damit hängt auch die schnellere Druckaufnahme nach dem Wasserfassen und die Bewegungsanforderungen in der Blatt- und Handführung während der Freilaufphase zusammen.
5. Kombinierte Form: 10 Schläge halbe Schlaglänge mit ansteigender SF und Krafteinsatz, 10 Schläge halbe Schlaglänge mit maximaler SF und Kraft, 10 Schläge volle Länge mit maximaler SF und maximaler Kraft.
   Letzte Übung hat bereits verstärkt lactaziden Charakter und kann auch zur Verbesserung der Schnelligkeitsausdauer herangezogen werden, während die anderen Trainingsformen in erster Linie die neuromuskulären Prozesse beeinflussen und die Ausdauerentwicklung nicht negativ beeinflussen, somit auch ganzjährig durchführbar sind. Das Training der Bewegungsschnelligkeit sollte im aufgewärmten Zustand des Sportlers, mit vorangestellten Dehnungs- und Lockerungsübungen durchgeführt werden. Ferner ist zu beachten, daß diese Schnelligkeitsübungen nur einen Sinn haben, wenn der Sportler nicht müde ist, also intensive Kraft- und Ausdauerbelastungen in den vorausgegangenen Trainingseinheiten durchgeführt wurden.
6. Zur Verbesserung der Durchzugsgeschwindigkeit und der Schnelligkeitsausdauerentwicklung bieten sich folgende Möglichkeiten an: Zum einen können die Voraussetzungen für diese Fähigkeit in einem IK-Training an Land gelegt werden, d.h. mit Hilfe maximaler und explosiver Belastungen (vgl. Explosivkrafttraining), oder auch mit einem speziellen Schnellkraftausdauertraining, das vornehmlich die lactazide Energiebereitstellung anspricht. Im Boot dienen Starts und Beschleunigungen aus dem Stand mit voller Schlaglänge und maximalen Krafteinsätzen und ansteigenden Schlagfrequenzen (ca. 38 - 48) über 5 - 30 Schlägen zur Entwicklung dieser Fähigkeit.

Abb. 42:
Verlauf eines Schnelligkeitsausdauertrainings: 90' Rudern V - VI; Aufwärmen wie im Rennen, dann 3 x 10 und 3 x 30 Schläge aus dem Stand (Pause ca. 5 - 6' zwischen den 30ern).

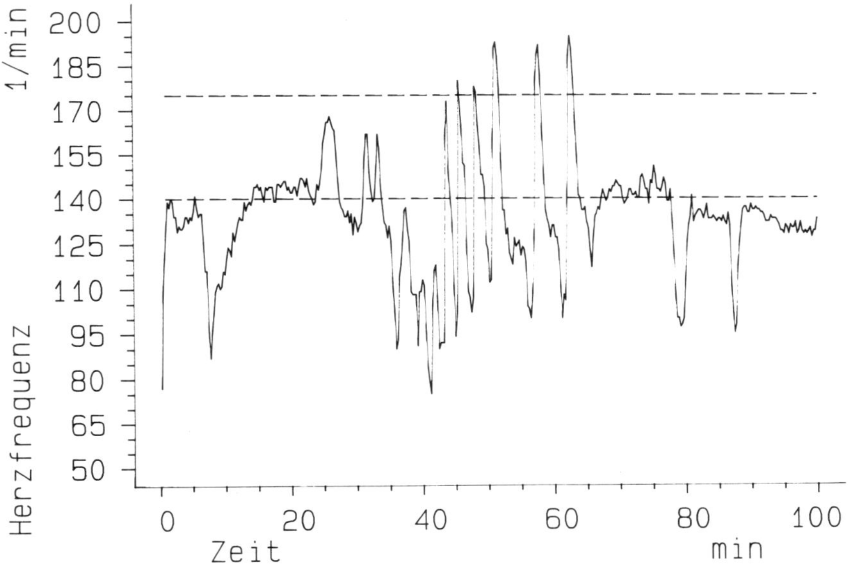

Prinzipiell ist zu sagen, daß ein Schnelligkeitstraining im Rudern in ausgeruhtem Zustand erfolgen sollte, die Pause zwischen den einzelnen Belastungen soweit hinreichend sein sollte, daß die nachfolgende Belastung mit gleicher Intensität durchgeführt werden kann. Intervalle von ca. 5 - 8 Minuten sind dabei in der Regel erforderlich.
Belastungen mit hoher lactazider Energiebereitstellung (z.B. Schnellkraft- und Schnelligkeitsausdauer) sind in einer sehr vorsichtigen Dosierung der unmittelbaren Hauptwettkampfvorbereitung vorbehalten. Zwischen den einzelnen Belastungen ist ein lockeres Rudern mit sehr geringer Intensität dringend notwendig. Höchste Intensitäten erreicht man hier sicher, indem man in etwa gleichstarken Booten gegeneinander rudern läßt.

Kontrollmöglichkeiten der Schnelligkeit im Rudern

Die Kontrolle der spezifischen Schnelligkeitsentwicklung kann in mehrfacher Hinsicht erfolgen:

1. Es kann die Zeitdauer für 10 oder 12 Schläge mit maximaler Schlagfrequenz gemessen werden, am günstigsten mit voller Länge aus dem Stand (Bewegungsschnelligkeit).
2. Eine bestimmte Strecke (ca. 100 m) wird „fliegend" mit maximaler Geschwindigkeit durchfahren und die Zeit gemessen (Grundschnelligkeit).
3. Denkbar sind auch - will man vor allem die Effektivität des Starts überprüfen - Strecken von 50 - 75 m (z.B. 2 - 3 Bojenreihen im Albanosystem).
4. Aus dem Stand wird versucht, über eine Strecke von ca. 200 - 250 m eine maximale Geschwindigkeit zu rudern, wobei Zwischenzeitnahmen Hinweise auf das Niveau der Schnelligkeitsausdauer geben können. Über diese Streckenlänge sollte die maximale Geschwindigkeit gerade noch aufrechterhalten werden können.

IV. Zur Entwicklung rudertechnischer Fertigkeiten

1. Funktionen einer Rudertechnik

Die Auffassungen über die „richtige" Rudertechnik sind so verschieden, daß es auch weiterhin heftige Diskussionen unter Trainern und Funktionären geben wird. Die unterschiedlichen Auffassungen betreffen dabei nicht nur die Unterschiedlichkeit in der Form, d.h. im für alle sichtbaren Bewegungsablauf des Ruderschlages, sondern auch in der Funktion bestimmter Bewegungen, z.B. die dynamische Gestaltung des Endzuges. Auch als Trainer hochqualifizierter Mannschaften ist man oftmals dazu geneigt, Einzelbeispiele herauszugreifen und sie dem Ruderer als „ideal" vorzustellen. Man vergißt dabei, daß erfolgreiche Ruderer gerade deshalb auch erfolgreich sind, weil sie eine optimale individuelle Lösung für die Bewegungsaufgabe im Rudern gefunden haben, in der sie ihre konditionellen Möglichkeiten und ihre anthropometrischen Vorgaben berücksichtigen können.

Obwohl die sichtbaren Bewegungsabläufe auch für ein geschultes Trainerauge bei hervorragenden Ruderern und Mannschaften recht unterschiedlich sein können, ist die Rudertechnik kein signifikantes Unterscheidungsmerkmal für die Verteilung von Medaillen oder Finalplätzen auf den internationalen Meisterschaften. Wenn Mannschaften auf dem letzten Streckenabschnitt einer 2000-m-Strecke bewegungstechnisch auseinanderfallen, nachdem sie 1200 m gut zusammen harmonierten, dann ist dies in erster Linie ein konditionelles Problem, kein rudertechnisches. Rudertechnik soll drei Funktionen erfüllen:

Effektiver Vortrieb

> Die Rudertechnik soll bewirken, daß die nicht oder kaum veränderbaren konstitutionellen und die momentanen (und veränderbaren) konditionellen Voraussetzungen des Ruderers effektiv für eine möglichst hohe Bootsgeschwindigkeit genutzt werden können.

Verringerung der Widerstände

> Die Rudertechnik soll bewirken, daß die Kräfte und Bewegungen, die dem Vortrieb oder der höchstmöglichen Geschwindigkeit des Bootes entgegenwirken oder zu einem höheren Energiebedarf des Ruderers führen, minimiert werden.

Situationsangepaßte Bewegungsökonomie

> Die Rudertechnik soll bewirken, daß der Energieaufwand unter der vorgegebenen Rennzeit oder Streckenlänge ökonomisch eingesetzt wird. Dies bedeutet, daß unter anderen energetischen Voraussetzungen, z.B. Langstreckenrennen oder umgekehrt ein Sprint über 500 m, die Lösung der Bewegungsaufgabe anders aussehen könnte.

Es ist häufig zu beobachten, daß auch international erfolgreiche Ruderer und Mannschaften für das „Trainerauge" sichtbar in einem Langstreckentraining mit sehr niedriger Schlagfrequenz (z.B. 18 - 20) andere Merkmale aufweisen, die z.B. die Vor- und Rücklagewinkel betreffen können, als in einem Rennen über 2000 m. Selbst während eines Rennens treten bei einem Ruderer unterschiedliche Kraft-Zeit-Verläufe im Ruderschlag oder auch sichtbare Unterschiede (Auslagewinkel etc.) auf. Zwischen allen Möglichkeiten, Vortrieb zu erzeugen, Widerstände zu verringern und seine Energie situationsgerecht einzusetzen, muß ein individueller Kompromiß, in Mannschaften ein Gruppenkompromiß gefunden werden. Die Suche nach diesem Kompromiß wird von einer Reihe von Faktoren mehr oder minder stark beeinflußt. Diese Einflußfaktoren sind vielen Trainern und Ruderern nur z.T. bewußt und werden bei der Beurteilung der Rudertechnik oft zu wenig berücksichtigt:

- Anthropometrische Voraussetzungen des Ruderers oder der Ruderin: Körpergröße, Gewicht, Konstitutionstyp, Länge der Extremitäten, Verhältnis zwischen Oberkörper- und Beinlänge etc.
- Konditionelle Fähigkeiten: Ausdauerfähigkeit, Kraft in verschiedenen Muskelgruppen, Schulterbeweglichkeit, Ausprägungsgrad der speziellen Ausdauer.
- Vorhandenes Boots- und Rudermaterial: Bootsgewicht, -abmessungen, Riemen- oder Skullänge, Blattbreite, Anlagewinkel.
- Aufgabenstellung: 2000 m schnellstmöglich zu rudern, Wanderfahrt, Rudern in körperlich sehr heterogener Mannschaft, am Start möglichst weit vorne zu sein, bei niedriger Frequenz mit sehr hohem Kraftaufwand rudern, ein Langstreckenrennen fahren.
- Die Auffassungen, Einstellungen und der Kenntnisstand von Trainern und Verbänden.
- Technik der momentan führenden und erfolgreichen Rudernationen.

2. Leitvorstellungen einer Rudertechnik

Mit der Aufzählung möglicher Einflußfaktoren soll nicht der Eindruck vermittelt werden, daß Rudertechnik nun völliger Beliebigkeit ausgesetzt ist. Zu eng sind die Vorgaben physikalischer und normativer (z.B. Regeln, Vorschriften) Art. Zudem sprechen zwei wesentliche Gründe dafür, eine Reihe von Prinzipien zu erstellen, die dem Trainer und Ruderer zur Entwicklung technischer Fertigkeiten und ruderischer Fähigkeiten als Orientierung und vielleicht auch Leitvorstellung dienen können:

I. Rudertechnik muß trotz ihres funktionalen Charakters lehrfähig gemacht werden. Trainer, Verband und Vereine benötigen Leitvorstellungen und Normen, nicht zuletzt auch für die Ausbildung der Trainer.
II. Eine Leitvorstellung ermöglicht Korrekturen. Sie ist Bezugssystem für wissenschaftliche Untersuchungen (z.B. der Biomechanik), macht Entwicklungen in der Auswahl von Ruderern möglich (z.B. vor allem Ruderer mit hohem Körperwuchs zu selektieren) und initiiert auch Verbesserungen und Anpassungen des Sportgeräts.
III. Normen und Leitvorstellungen zur Rudertechnik bilden die Basis für Lösungsmöglichkeiten innerhalb einer Mannschaft. Sie können gemeinsame Bewegungsvorstellungen bei den Ruderern und ihrem Trainer entwickeln und die Auswahl und Korrekturen erleichtern helfen.

Für die Vermittlung, Entwicklung und Beurteilung der Rudertechnik ist zunächst eine wichtige Unterscheidung zu treffen:
Für den Trainer oder den Betrachter von Ufer oder Motorboot aus hat die Ruderbewegung einen bestimmten Bewegungsablauf, der sich *morphologisch* beschreiben läßt. Erkennbar ist hierbei z.B. die Körperarbeit, der Arbeitswinkel, die Lage des Ruders im Wasser, das Verhältnis von Durchzug und Vorrollen und einiges mehr. Hilfsmittel wie z.B. Videogeräte oder Fotografien steigern dabei die Qualität der Analyse. In der Weise nicht erkennbar sind Merkmale, die für *Bewegungs- und Leitvorstellungen einer Rudertechnik* ebenso bedeutsam sind: die Kraftverläufe während des Durchzuges sowie Geschwindigkeits- und Beschleunigungsmerkmale des Bootes.
Rückschlüsse aus den morphologischen Betrachtungen der Ruderbewegung auf die Qualität des Kraft-Zeitverlaufs oder die Geschwindigkeit und das Beschleunigungsverhalten des Bootes sind in der Trainingspraxis zwar üblich, aber ab einem bestimmten Leistungsniveau der Ruderer oder Mannschaften nicht zulässig. Eine Rückmeldung über den Ausprägungsgrad dieser Technikparameter ist entweder mit Hilfe biomechanischer Messungen oder über die Analyse subjektiver Rückmeldungen der Ruderer möglich, deren Qualität wiederum vom Erfahrungs- und Reflexionsstand und Leistungsniveau der Sportler abhängt.

Die Forderung nach einem möglichst effektiven Vortrieb und der Verringerung der auftretenden Widerstände haben in der Literatur als kleinsten gemeinsamen Nenner mehrere Technikprinzipien ergeben, die sowohl beobachtbare Merkmale wie auch die Empfindungen des Ruderers ansprechen (FRITSCH 1988, KÖRNER/SCHWANITZ 1985, NOLTE 1985). Sie basieren alle auf biomechanisch-physikalischen Überlegungen und Messungen, die wie folgt zusammengefaßt werden können:

Die Bewegung eines Ruderblattes erzeugt nicht nur Vortrieb, wenn sie gegen die Fahrtrichtung, sondern auch, wenn sie quer zur Fahrtrichtung erfolgt (ähnlich einer Schiffsschraube). Die Vermutung, daß der Vortrieb durch die Bewegung quer zur Fahrtrichtung einen größeren Vortrieb erzeugt als gegen die Fahrtrichtung, ist umstritten. Richtig ist, daß sich das Blatt eines Spitzenskullers ca. 1,6 – 1,9 m in Querrichtung des Bootes, aber nur ca. 0,5 – 0,6 m entgegen der Fahrtrichtung bewegt.

Zur Minimierung der enormen Widerstände am fahrenden Boot ist eine mittlere konstante Geschwindigkeit des Ruderbootes anzustreben. Diese Forderung bleibt eine Idealvorstellung; der Antrieb im Rudern ist intermittierend, er kann nicht kontinuierlich gestaltet werden. Geschwindigkeitsschwankungen (bis zu 25 % Abweichung zur mittleren Bootsgeschwindigkeit) sind unvermeidlich und die damit verbundenen erhöhten Widerstände (sie steigen mit der Geschwindigkeit des Bootes im Quadrat) ziehen enorme Energieverluste nach sich, die in der 3. Potenz ansteigen. Für die Trainingspraxis ergeben sich daraus eine Reihe von Folgerungen:

1. Anzustreben ist ein großer Arbeitswinkel in der Wasserarbeit unter der Voraussetzung, daß der Ruderer diesen großen Arbeitswinkel konditionell in einem taktisch vorgegebenen Rahmen (z.B. einem Streckenschlag von 38 Schlägen/Minute) bewältigen kann. Bei Ruderern der Weltklasse beträgt der vom Ruder überstrichene Arbeitswinkel im Skullboot 100 - 110 Grad, im Riemenboot 90-95 Grad.
2. Der Arbeitswinkel in der Wasserarbeit des Ruderers ist vor der Dolle etwa doppelt so groß wie hinter der Dolle. Das genaue Verhältnis ist abhängig von der Bootsgeschwindigkeit (Bootsgattung, Leistungsklasse) und des Kraft-Zeitverlaufs des Ruderschlages. Das bedeutet im Riemenboot vor der Dolle zwischen 55 - 60 Grad, im Skullboot 65 - 70 Grad. Um den vollen Arbeitswinkel auszunutzen ist anzustreben, daß das Wasserfassen und die Druckaufnahme sehr schnell vor sich geht.

3. Bewegungen des Körpers, der Hände, der Ruder und des Rollsitzes sind weitgehend mit gleichförmiger Geschwindigkeit und gleichmäßigen Beschleunigungen auszuführen, um mögliche Geschwindigkeitsspitzen zu vermeiden (Merkmal zyklischer Bewegungen).
4. Die *Durchzugszeiten* sind – eine Mindestschlaglänge vorausgesetzt – zu *minimieren*. Die Verlängerung der Durchzugszeit durch ungleichmäßige Kraftverläufe führt zu Reibungs- und Verformungsverlusten an Boot und Rudern, sind aber auch aus physiologischen Gründen zu vermeiden: ein Muskel entwickelt bei gleichmäßiger Kraftentfaltung seine höchste Leistung.
5. *Innerhalb einer Mannschaft* ist eine einheitliche Ausführung der Bewegung unter dem *funktional bestmöglichen Kompromiß* anzustreben.

Diese Technikanforderungen haben Konsequenzen:

- die Bootseinstellung muß allen Forderungen gerecht werden können,
- es müssen die konditionellen Voraussetzungen für die geforderten Prinzipien erarbeitet sein,
- auf höchstem Niveau müssen auch die anthropometrischen Voraussetzungen, wie z.B. Körperlänge, Länge der Extremitäten etc., vorhanden sein, um diesen Bedingungen gerecht zu werden.

3. Struktur des Ruderschlages

Die Struktur des Ruderschlages hinsichtlich der Kraft-Zeitverläufe an der Dolle hat die folgende gewünschte Charakteristik. Sie zeichnet sich aus durch:

- einen schnellen und steilen Kraftanstieg bei der Druckaufnahme
- eine möglichst hohe Kraftentwicklung
- einen Verlauf ohne Zwischenmaxima (mehrere Kraftspitzen)
- durch weitgehende Symmetrie
- durch geringe Kraftwirkungen in der Freilaufphase.

Abb. 43: Idealisierter Kraft-Zeit-Verlauf

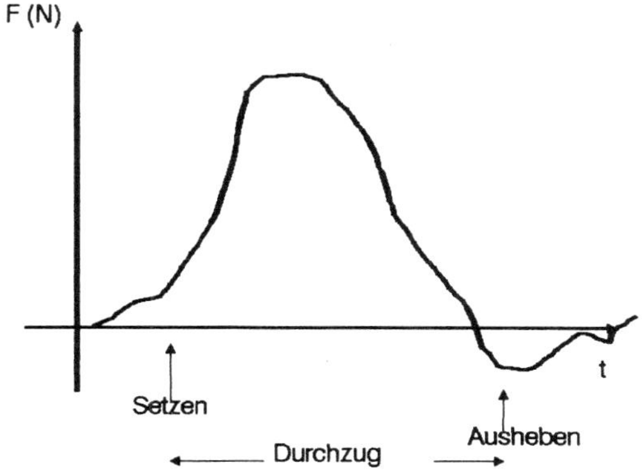

Neben diesem z. Zt. idealisierten Kraftverlauf ist in der Praxis ein weiterer, erfolgreich praktizierter Typus zu erkennen. Er zeichnet sich dadurch aus, daß das Kraftmaximum nicht ganz so hoch ist, dafür eine durchschnittliche Kraft höher über einen längeren Zeitraum gehalten wird. Vermutungen, die hier einen Zusammenhang zwischen den Kraftkurven und den Anteilen und dem Verhältnis zwischen den verschiedenen Muskelfaserstrukturen sehen wollen, müssen noch überprüft werden. Dieser zweite Kraftverlaufstypus ist auch im Einsatz unabhängig von der Bootsgattung und hat (idealisiert) etwa folgenden Verlauf:

Abb. 44: Idealisierter Kraft-Zeit-Verlauf (Variante)

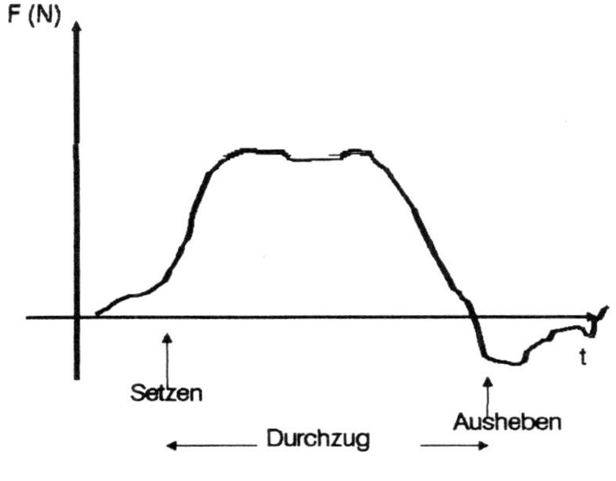

Von HILL (1988, 1989) durchgeführte Messungen an Nationalmannschaftsruderern, deren Kraft-Zeit-Verläufe mit Hilfe von Dehnungsmeßstreifen (DMS) an den Riemen untersucht wurden, belegen die vielfältige Abhängigkeit der dynamischen Schlagstruktur von den unterschiedlichen Aufgabenstellungen. Trotz der unterschiedlichen Untersuchungszeitpunkte, Trainingsbelastungen und Bootsbesetzungen während der zahlreichen Messungen erlauben HILLs Messungen folgende Feststellungen:

- alle Ruderer zeigen interindividuell unterschiedliche Kraft-Zeit-Verläufe während eines Ruderschlages,
- alle Ruderer zeigen Unregelmäßigkeiten im Kraftverlauf, die insbesondere bei maximalen Einsätzen größer sind als bei submaximalen Belastungen, der Kurventyp bleibt dabei in der Regel erhalten,
- während einer Belastung schwanken die Krafteinsätze einzelner Ruderer deutlich,
- Kurvenformen sind zu einem Großteil konditionsbedingt (ermüdungsbedingt). So läßt vor allem das Kraftniveau im Endzug mit zunehmender Dauer der wettkampfspezifischen Belastung nach.
- In aufeinanderfolgenden Trainingseinheiten zeigen zwei Ruderer im Zweier ohne und im Achter prinzipiell die gleiche Kurvenform, lediglich die Durchzugszeit war im Achter, bedingt durch die höhere Bootsgeschwindigkeit, kürzer.

Abb. 45:
L8+ CK 500 m II, Schläge 4 - 7 SF 44 (oben) und 53 - 56 SF 39 (unten)

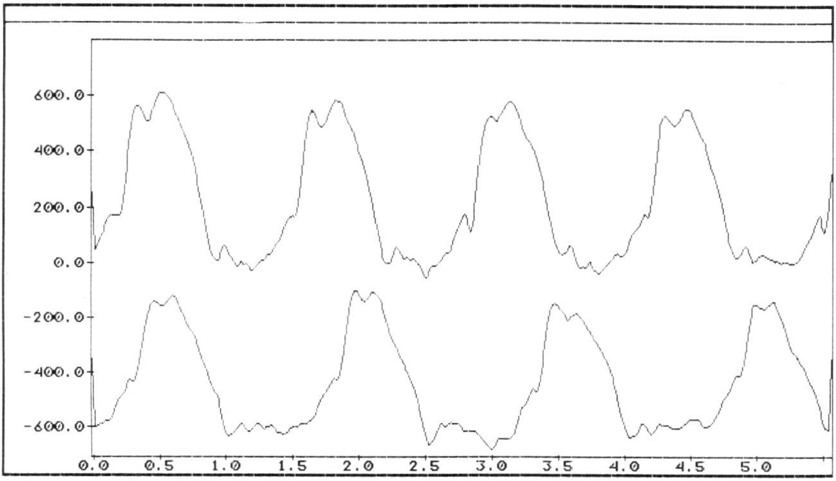

Abb. 46:
8+ CK 1500 m II SF 37,5 nach 1000 m (oben), SF 23 locker (unten)

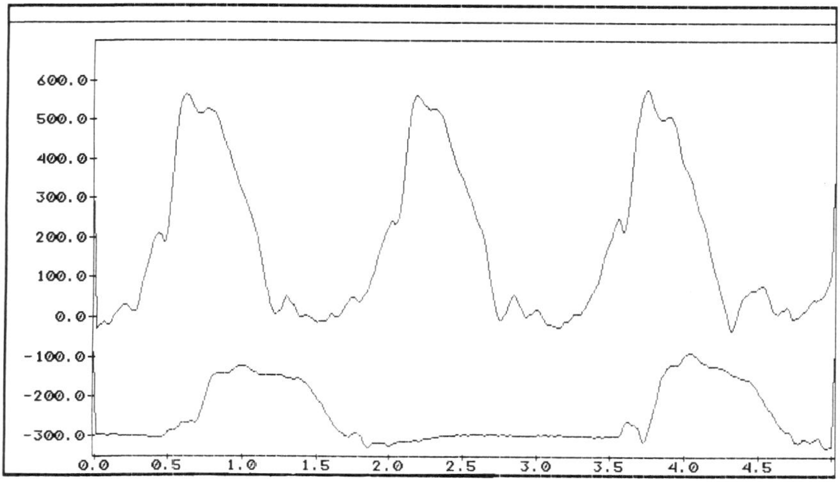

Abb. 47:
8+ HH Kat. V - IV SF 26 (Betonung Anriß)

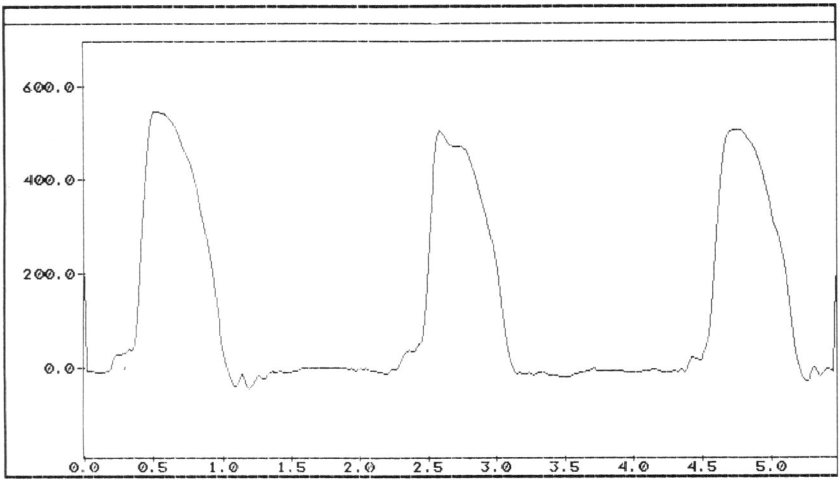

Abb. 48: L8+ KA/BS 250 m II SF 39 (stb oben, bb unten)

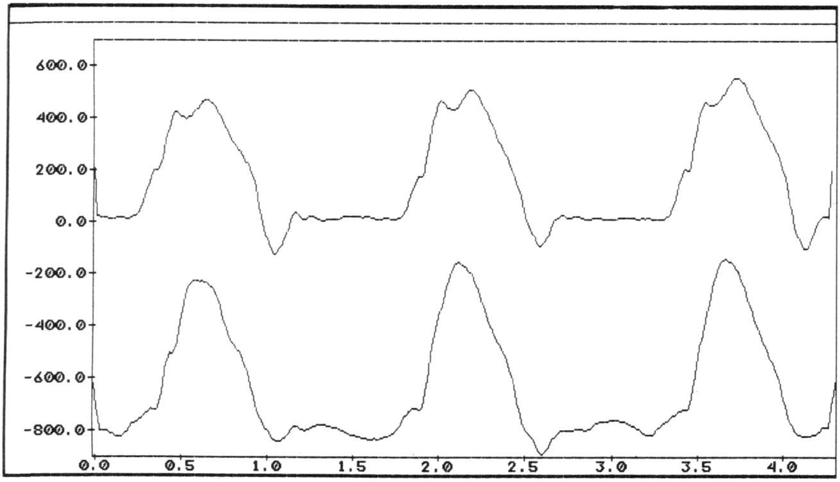

Abb. 49: 8+ KA/BS 1250 m III SF 33 (stb oben, bb unten)

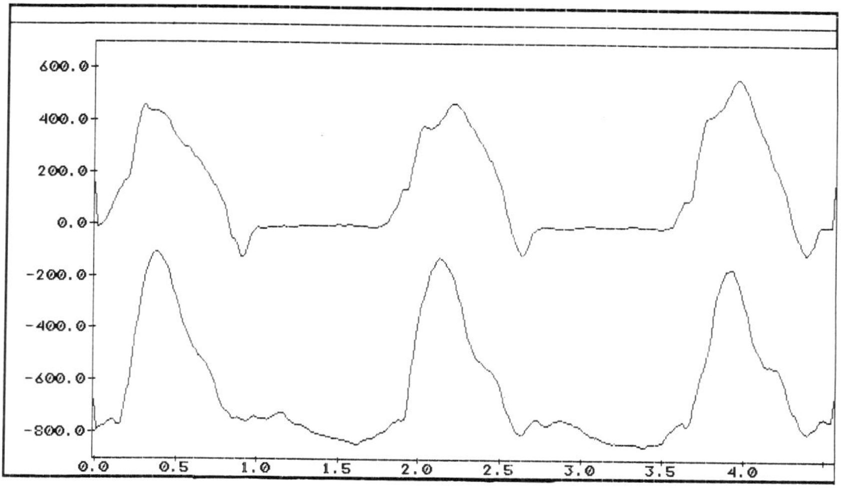

Abb. 50: 8+ KA/BS Kat. V SF 25,5

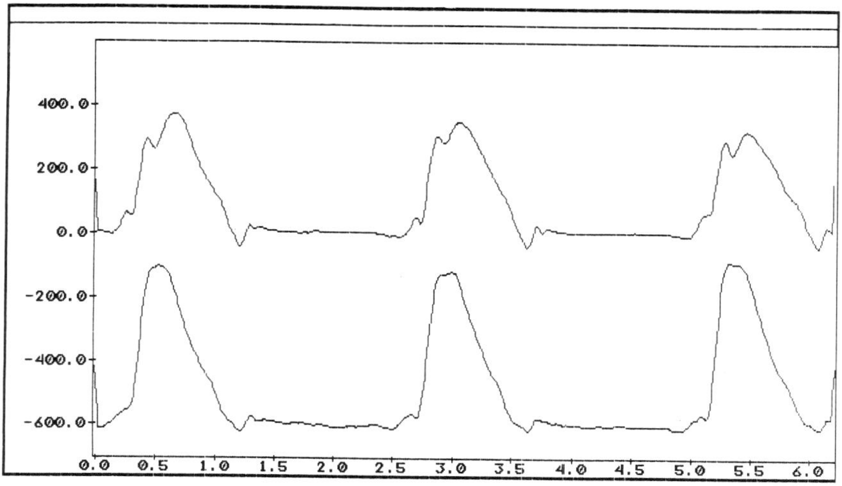

Beide Ruderer (das Schlagpaar des Achters) zeigen die unterschiedlichen Kraftverlaufs-Typen deutlich auf. Für den Vergleich der entwickelten Kraft entscheidend ist die Fläche unter der Kurve (Nm/s), die bei beiden annähernd gleich ist. Es darf erwähnt werden, daß dieses Paar – trotz des unterschiedlichen Kraftverlaufs – über Jahre hinweg einen sehr schnellen Zweier gerudert hat.

Abb. 51: L8+ BG/SF 500 m III SF 34 nach 1:20 Min.

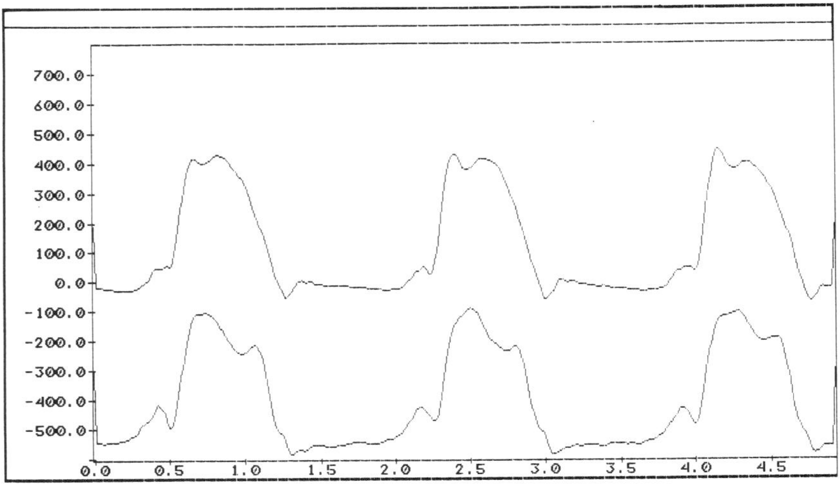

Abb. 52: 8+ BG/SF 1500 m III SF 35 nach 1300 m

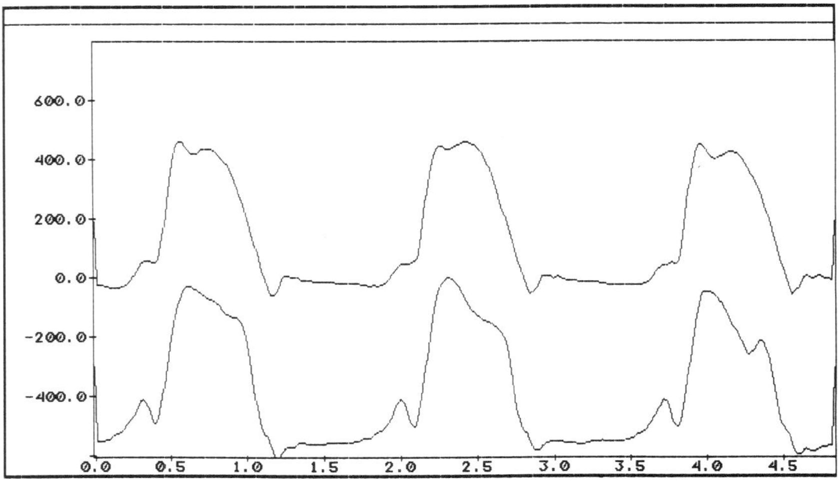

Abb. 53: 8+ BG/SF nach der Belastung SF 24

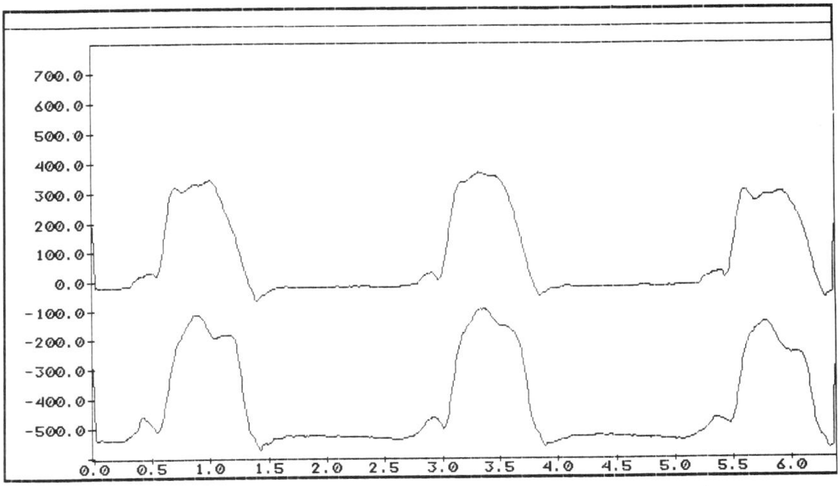

Abb. 54: 8+ MW/MS 250 m I SF 45

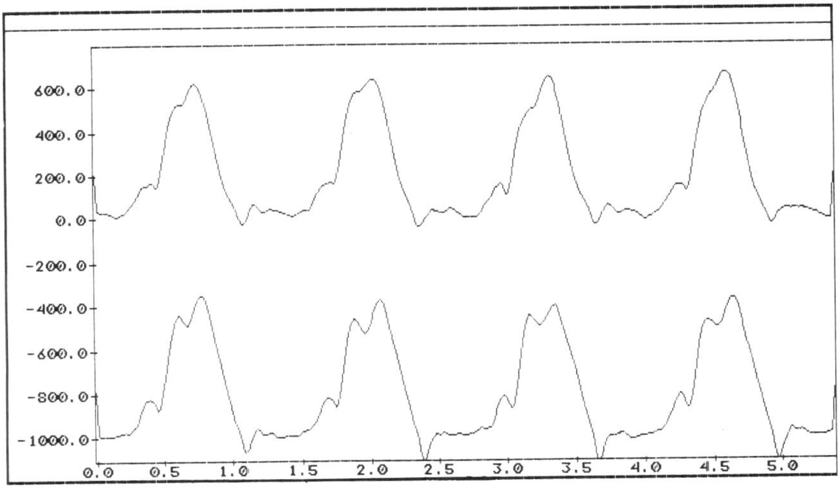

Abb. 55: 8+ MW/MS Kat. V SF 26

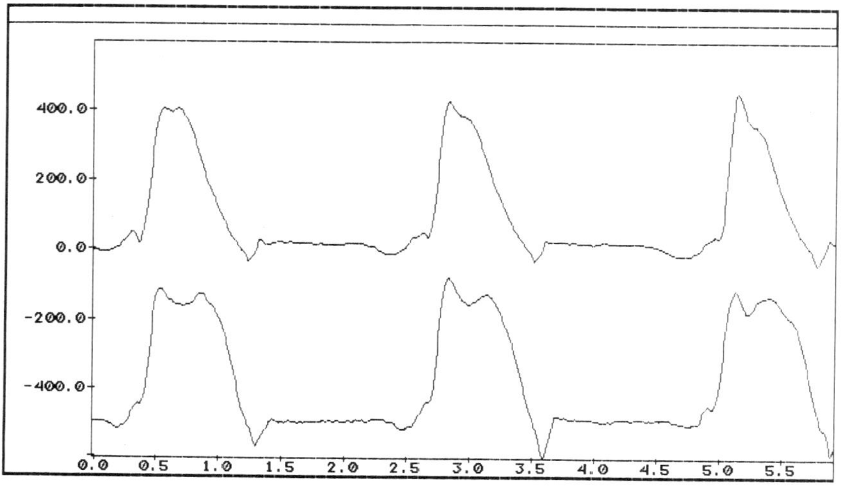

Gegenüberliegende Seite:

Auch diese beiden Ruderer (ein erfolgreicher LG-Zweier), in dieser Trainingsfahrt im Achter als Paar hintereinandergesetzt, zeigen bei sehr hohen Frequenzen wie auch im LS-Tempo beide unterschiedliche Kraftverlaufstypen auf, während es bei der nächsten Paarung im Zweier selbst wie auch im Achter einen ähnlichen Verlaufstyp zu beobachten gibt.

Abb. 56: 2- HH/PM Kat. III SF 33

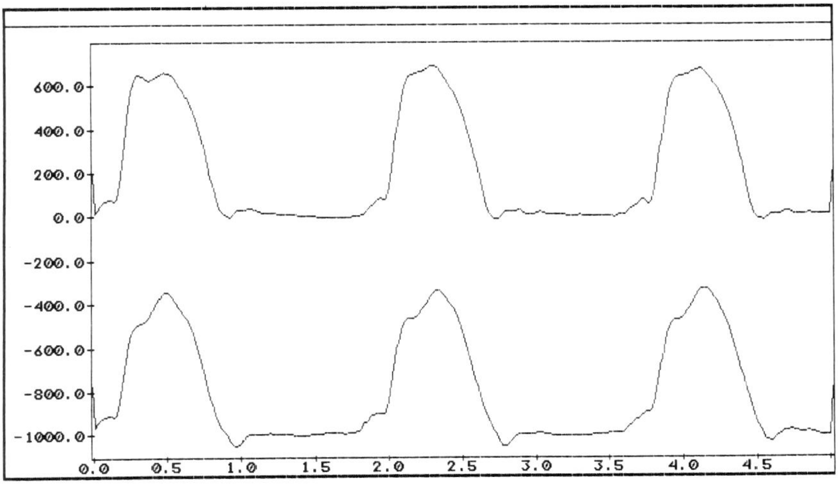

Abb. 57:
2- HH/PM Kat. III SF 33 (gleiche Kraftverläufe übereinandergelegt und die Differenzen aufgetragen)

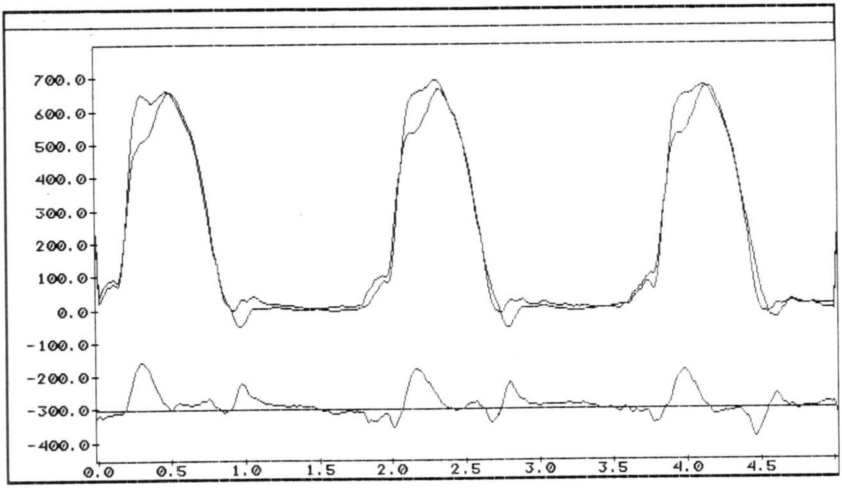

Abb. 58: 2- HH/PM Kat. V SF 23

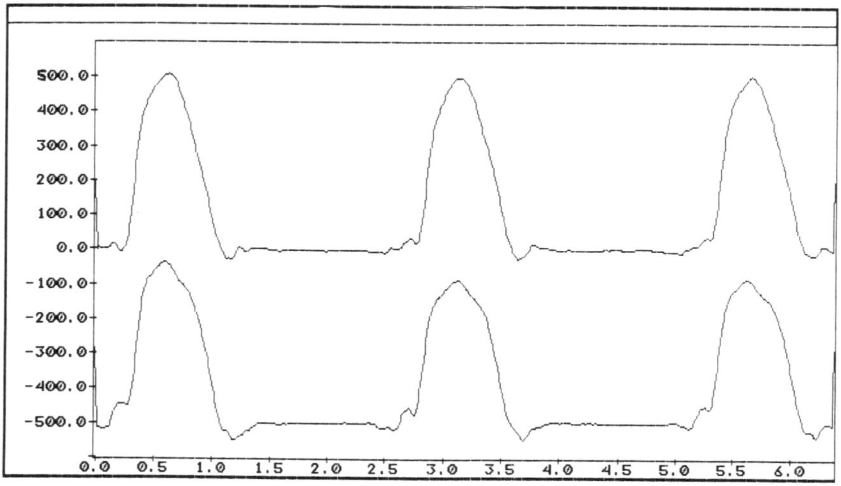

Abb. 59: 8+ HH/PM Kat. V SF 23

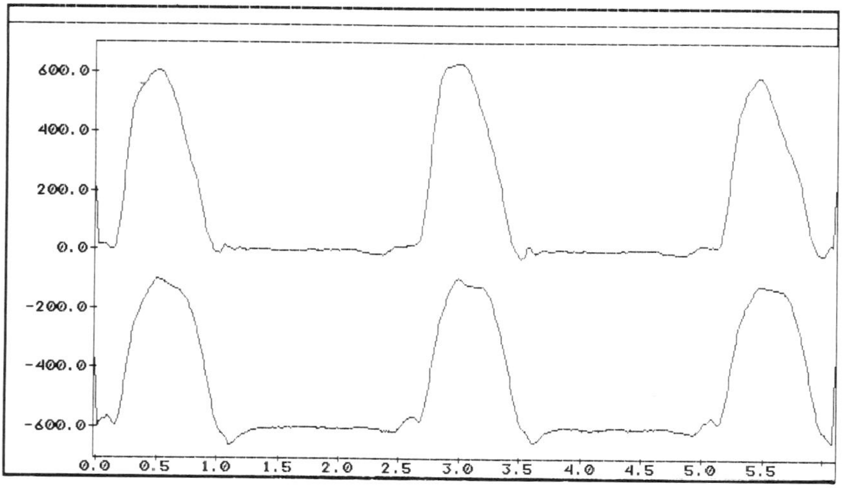

In welcher Weise die beschriebenen Merkmale und unterschiedlichen Kurvenverläufe Auswirkungen auf die Bootsgeschwindigkeit haben, kann nicht gesagt werden. Viele Trainer vermuten, daß ein Boot schneller ist, je einheitlicher und gleichmäßiger die Kraftverläufe der einzelnen Ruderer sind. Dies scheint aber das Beispiel dieser drei Zweier-Paarungen zu widerlegen, die sehr gute Zweier-Kombinationen darstell(t)en, aber von der dynamischen Schlagstruktur und auch für das Trainerauge teilweise recht unterschiedlich rudern.
Bezüglich des Einflusses auf den Kraft-Zeit-Verlauf des Ruderschlages sind nach HILL vier wesentliche Faktoren zu nennen:

- die Kraftentwicklung des Ruderers oder der Mannschaft,
- die Kraftübertragung, die vom Ruderwinkel, der Zugposition und dem Schlupf abhängt,
- der Verlauf der Bootsgeschwindigkeit und
- die Bootsgattung, die Auslegeranordnung (Skull/Riemen).

HILL ist auch der Frage nachgegangen, inwieweit der Kraft-Zeit-Verlauf des Ruderschlages auf dessen Effektivität wirkt. Mehrere Versuchsreihen mit unterschiedlichen Aufgabenstellungen ergeben dabei folgendes Bild:
Im Skiff sind 10 Schläge mit maximalem Krafteinsatz durchgeführt worden, wobei in mehreren Serien mit hartem Wasserfassen bzw. weicherem Wasserfassen und verstärktem Endzug gerudert worden ist. In Beziehung gesetzt dazu wurden die Beschleunigungsverläufe des Skiffs, die über die Geschwindigkeitsveränderungen und den damit sich verändernden Widerständen Hinweise zur Effektivität der Ruderbewegung geben sollten. In Abbildung 60 sind zum besseren Vergleich die Kraft- und Beschleunigungsverläufe aus zwei Versuchen mit unterschiedlicher Aufgabenstellungen übereinander gelegt. Die Kraftverläufe von backbord (BB) und steuerbord (SB) sind dabei addiert worden.

Versuch 1: weiches Wasserfassen, betonter Endzug
Versuch 4: hartes Wasserfassen, betonter Anriß

Abb. 60: Kraft- und Beschleunigungsverläufe aus Versuch 1 + 4

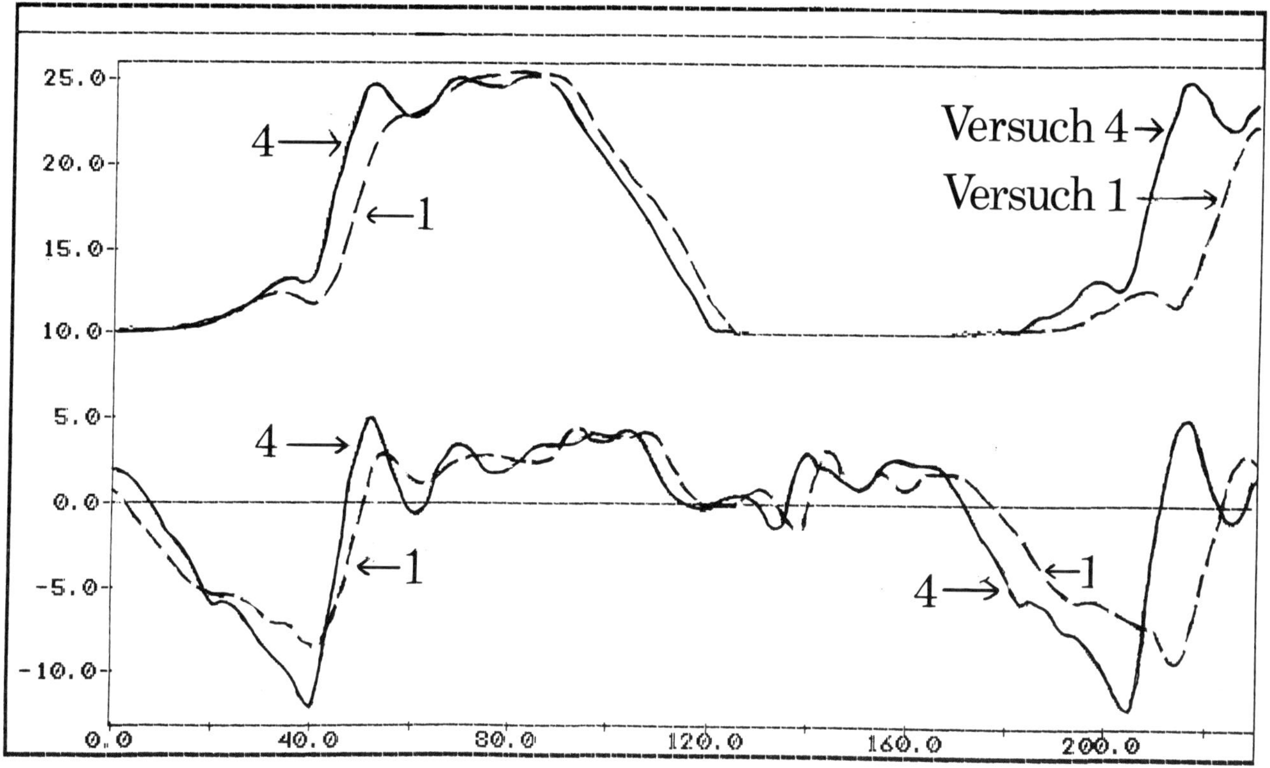

Die Berechnungen der Beschleunigungskurven zeigen auf, daß der Einfluß unterschiedlicher Kraftverläufe (bei annähernd gleichem Impuls) und damit auch die Geschwindigkeitsverläufe auf die Bootsgeschwindigkeit zu vernachlässigen sind. Die Optimierung des Schlagverlaufs muß demnach unter Einbeziehung energetischer Überlegungen erfolgen, d.h. der Frage, welche der beschriebenen Alternativen (falls es welche sind) energiesparender einsetzbar sind und unter welchen Bedingungen (Bootsgattung, Geschwindigkeit etc.) dies der Fall ist.

4. Stilstudien von Bewegungsabläufen

Folgende Fotostudien zeigen konkrete Lösungsmöglichkeiten der Körper- und Handführungen auf. Da es sich in allen Fällen um sehr erfolgreiche Ruderer handelt, können und sollen mit den individuellen Bewegungsausführungen, die z.T. auch mannschaftsspezifisch sind, keine Bewertungen verbunden werden. Die Studien sind in drei Gruppen eingeteilt:

- Wasserfassen und Druckaufnahme
- Mittelzug um die Orthogonalstellung
- Endzug und Ausheben
- Freilauf- oder Vorrollphase

Wasserfassen und Druckaufnahme im Riemenrudern

Merkmale:

- Verwringung im weit vorgestreckten Oberkörper
- Arme und Schultern weit gestreckt
- Kniewinkel > 50 - 60°, Unterschenkel: Vertikale > 5°
- Ausleger nicht allzu hoch: Winkel zwischen Horizontalen und Außenarm beträgt 10 - 20°

Abb. 61: Achtermannschaft kurz vor dem Wasserfassen

Abb. 62: Achtermannschaft in der Druckaufnahme

Abb. 63: Vierer ohne in der maximalen Auslage

Abb. 64-69: Körperpositionen verschiedener Ruderer während der Druckaufnahme

Abb. 65

Abb. 66

Abb. 67

Abb. 68

Abb. 69

Der Mittelzug

Merkmale:
- ○ Knie- und Hüftwinkel öffnen sich gleichzeitig
- ○ Ruderer „hängen“ sich in die Riemen
- ○ Oberkörper wird schon relativ weit zurückgenommen
- ○ Armzug beginnt etwa in der Orthogonalstellung

Abb. 70: Knie- und Hüftwinkel öffnen sich gleichzeitig

Abb. 71: Kniewinkel öffnet sich schneller (zu früh) als Hüftwinkel

Abb. 72-75: Positionen in der Orthogonalstellung

Abb. 73

Abb. 74

Abb. 75

Der Endzug

Merkmale:
- ○ Endzug wird „hoch“ ausgezogen (Außenhand knapp unter die Brust ziehen)
- ○ Schultern werden (ohne Verwringung) beide weit zurückgenommen; Innenschulter geht ebenso zurück und nur der Außenarm berührt den Körper
- ○ Kräftiger Arm- und Schultereinsatz
- ○ Rücklagewinkel ca. 25 - 30°

Abb. 76: Hohes Heranziehen des Riemens an den Körper

Abb. 77 und 78: Rücklageposition nach dem Ausheben im Achter

Abb. 79:
Zugposition der Arme und des Oberkörpers während des Endzugs

Abb. 80: Körperposition während des Aushebens

Abb. 81-84:
Körperpositionen verschiedener Ruderer nach dem Ausheben

Abb. 82

Abb. 83

Abb. 84

Abb. 85 und 86: Endzugpositionen (Rücklage etwas zu weit)

Das Vorrollen

Merkmale:	○ Hände werden in einer Linie vorgeführt ○ Entspannte Körper- und Armführung ○ Hände nehmen Oberkörper mit und – wenn sie vor den Knien sind – auch den Rollsitz ○ Arme werden erst im letzten Moment ganz gestreckt bis dahin bleiben sie ganz leicht angewinkelt

Abb. 87: Hände führen aus der Rücklageposition heraus

Abb. 88: Entspannung beim Vorrollen

Abb. 89: Das Anrollen – Vorbereitung zum Wasserfassen

Bewegungsstudien im Skullen

Das Wasserfassen und die Druckaufnahme

Merkmale:
- ○ Weites Öffnen der Arme und Strecken der Schultern
- ○ Oberkörper etwas aufrechter als im Riemenrudern
- ○ Winkel zwischen Oberarm und Horizontale 5 - 15°
- ○ Beide Hände sind gleich hoch

Abb. 90: Wasserfassen mit voller Blattdeckung im Doppelvierer

Abb. 91 und 92:
Körperposition während des Wasserfassens im Doppelvierer und Skiff

Abb. 93 und 94: (Zu) Frühes Öffnen des Kniewinkels

Abb. 95 und 96: (Zu) Frühes Öffnen des Hüftwinkels

Abb. 97: Unterschiedliche Körperhaltung in der Auslage

Der Endzug und das Ausheben im Skullboot

Merkmale:

- ○ Kräftiger Einsatz der Schultern und Arme ab der Orthogonalstellung
- ○ Skulls werden hoch an den Körper herangeführt
- ○ Hohes Ausheben (insbesondere im Mannschaftsboot)
- ○ Rücklagewinkel nicht ganz so groß wie im Riemenboot: 20 - 25°
- ○ Wie in der Auslage: beide Hände sind gleich hoch
- ○ Ellenbogen werden möglichst nahe dem Körper zurückgeführt

Abb. 98: Hohes Heranführen der Hände im Endzug

Abb. 99: Hohes Abscheren und kräftiger Schultereinsatz

Abb. 100: Handführung und Rücklageposition im Endzug

Abb. 101-105: Bewegungszyklus (Durchzug) eines Doppelvierers

Abb. 102

Abb. 103

Abb. 104

Abb. 105

5. Methodische Leitsätze zur Verbesserung der Ruderbewegung

Aus den bisherigen Ausführungen lassen sich im Hinblick auf die Herausbildung und Korrekturen der Rudertechnik folgende Grundsätze formulieren:

1. Die Vorstellung eines idealisierten Bewegungsablaufs für einen Ruderer oder eine Mannschaft muß immer geleitet sein von den:

   a. anthropometrischen Vorgaben der vorhandenen Ruderer
   b. den bootstechnischen Möglichkeiten
   c. dem konditionellen Entwicklungsstand der Ruderer

und dann in Einklang mit den biomechanisch-physikalischen Erfordernissen gebracht werden.
Unter diesen Voraussetzungen sind die Spielräume für den individuellen Kompromiß (bei einem einzelnen Ruderer) und innerhalb einer Mannschaft sehr gering.

2. Die Rudertechnik unterliegt keinen Normierungen. Ein allzu rigides Vertreten eines bestimmten Ideals und der damit verbundene Aufwand zur Erreichung dieser Form kann der Funktion, „schnell zu rudern", oftmals entgegenstehen. Rudertechnik ist eine aufgabenbezogene Bewegungslösung, keine mit Noten bewertbare Ausdrucksform; Technikschulung darf nicht zum Selbstzweck werden und schon gar nicht andere wichtige Trainingsziele in den Hintergrund treten lassen.

Vielfalt der Bewegungsanforderungen

Das Hauptziel der Rudertechnik, die vorhandenen physischen Möglichkeiten des Ruderers zu nutzen und zu ökonomisieren, läßt sich in erster Linie durch Rudern in Kleinbooten entwickeln. Selbst bei Mannschaften mit hohem Leistungsniveau (oder gerade bei diesen) beträgt der Anteil des Trainings im Kleinboot 55 - 70 %.
Wenn auch nicht unbedingt auf wichtigen Regatten, so doch im Training und auf Aufbauwettkämpfen, sollte auch die Ruderart gewechselt werden. Belastungen im Skullboot fördern und ergänzen das Training von Muskelgruppen und Bewegungsmerkmalen, die vor allem den kon-

ditionell sehr gut trainierten Riemenruderer und natürlich auch dem Skuller im Riemenboot zum Vorteil gereichen.
Vielfältige Bewegungsaufgaben, z.B. die Betonung bestimmter Schlagphasen, helfen dem Ruderer, ein besseres Bewegungsgefühl zu entwikkeln und damit auch zu einem adäquaten Gesprächspartner in den Diskussionen um die Bewertung der Technik zu werden.

Bewegungsvorstellungen und Korrekturen

Zur Beurteilung und Bewertung des Bewegungsablaufs sind mehrere Möglichkeiten heranzuziehen:
Neben einer Beurteilung durch den oder mehrere Trainer müssen auch visuelle Hilfsmittel (z.B. Zeitlupenaufnahmen mit der Videokamera, Fotografien etc.) herangezogen werden, da selbst bei einer rein morphologischen Betrachtung der Bewegung individuelle Ausprägungen und interindividuelle Unterschiede nicht erkennbar sind. Daneben ist anzustreben, daß biomechanische Analysen, wie z.B. die Messung der Kraftverläufe, mit den Beobachtungen in Einklang gebracht werden. Schließlich sind auch die subjektiven Eindrücke und Empfindungen der Ruderer in eine Bewertung einzuschließen. Zu beachten ist, daß bestimmte Faktoren die Umsetzung technischer Korrekturen durch den Trainer sehr stark beeinflussen, wie z.B.:

- den Ermüdungsgrad. Stark ermüdete Ruderer sind nicht mehr aufnahmefähig für Anweisungen und können diese Anweisungen auch nicht mehr umsetzen – selbst, wenn sie wollten.
- Einstellungen zum Trainer und den Mannschaftskameraden prägen die Umsetzungsfähigkeit.
- Das Aufnahmevermögen und der Umsetzungswille ist sehr stark motivationsabhängig.
- Bewegungsvorstellungen sind bestimmt von den theoretischen Kenntnissen eines Sportlers, damit auch eine Frage des Intellekts von Sportlern und Trainern.

Bewegungsvorstellungen lassen sich neben der sprachlichen und visuellen Vermittlung auch akkustisch verdeutlichen. Insbesondere profitieren die weniger sichtbaren Strukturen, wie z.B. Kraft-Zeit-Verlauf des Ruderschlages, bestimmtes Endzugverhalten oder ein entspannender Rhythmus, durch akkustische Unterstützung, während sich die kinematischen Parameter (Auslagewinkel, Körperarbeit etc.) besser visuell erfassen lassen.

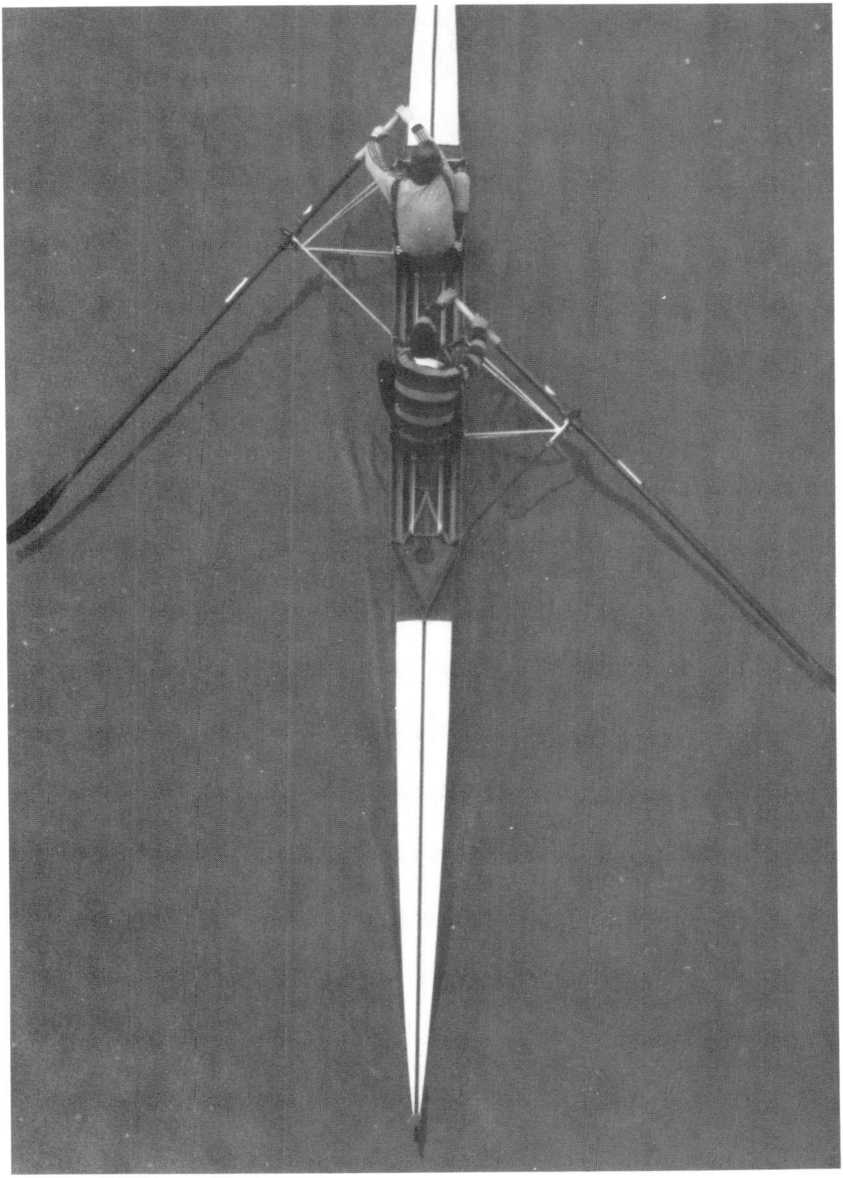

Abb. 106: Fotostudie von der Brücke aus

Daneben sind auch die kinästhetischen Empfindungen, also das Körper- und Bewegungsgefühl und -empfindung, anzusprechen. Indem das Erleben angesprochen oder mit bestimmten Übungsformen verdeutlicht wird, kann der Trainer zur Entwicklung genauerer Bewegungsvorstellungen und zur Verbesserung des Bewegungsgedächtnisses beitragen.

Aufgabenbezogenheit

Rudertechnik auf hohem Niveau zeichnet sich im besonderen Maße durch Anpassungsfähigkeit an spezifische Situationen und Aufgabenstellungen aus. Das bedeutet nicht nur die Anpassung der Bewegungsabläufe an bestimmte Ruderarten, Bootsgattungen oder Mannschaftsmitglieder, sondern auch an die spezifischen Situationen in einem Rennen (Startphase, Streckenschlag, Spurts, Frequenzwechsel) und an spezielle Bedingungen des Ruderwettkampfs, wie z.B. Wellen, Strömung, Wind- und Klimaverhältnisse.
Auch im Training oder in der Vorbereitung auf Wettkämpfe sind diese Situationen auf dem Wasser mit einzubeziehen und den Erfahrungen der Ruderer, vor allem in der vorgesehenen Mannschaft, zugänglich zu machen. Daneben muß die mentale Vorbereitung einhergehen.
Eine rudertechnische Anpassung an das Ziel, 2000 m schnell zu rudern, bedingt auch im Training die Anpassung an die Bewegungs- und Belastungsstruktur eines Rennens. Bewegungsaufgaben müssen auch im ermüdeten Zustand eines Sportlers im Training gelöst werden, was bedeutet, daß Anpassungserfordernisse vor allem in Mannschaften nur durch rennspezifische Belastungen in Aufbauwettkämpfen oder im Training möglich sind. Während das Rudern mit niedriger Schlagfrequenz und mittleren Krafteinsätzen vor allem der Ökonomisierung der Bewegungen gilt, dem Aneignen und Stabilisieren von (neuen) Bewegungen, ist die Bewältigung von Bewegungsaufgaben in (renn)spezifischen Situationen vor allem zur mannschaftsinternen Koordination und Ökonomie erforderlich.
Technikübungen und Bewegungsaufgaben sollten so beschaffen sein, daß durch die Ausführung von (Teil-)Bewegungen des Ruderschlages die „Soll-“ Bewegung für den Ruderer deutlich erkennbar, erspürbar oder erfahrbar wird, d.h., daß mit Hilfe bestimmter Bewegungsaufgaben nur die richtige Bewegungsausführung möglich sein kann. So kann z.B. ein „unsauberes Ausheben“ bei hohen Frequenzen in der Weise „bewußt“ und „unmöglich“ gemacht werden, indem man die Mann-

schaft oder den Ruderer mit aufgedrehtem Blatt in Rennfrequenz oder knapp darunter rudern läßt.
In bestimmten Phasen des Trainingsprozesses haben auch Experimente (z.B. mit veränderten Boots- und Hebeleinstellungen) durchaus ihre Berechtigung. Sie bieten sich vor allem dann an, wenn mehrere qualitative und quantitative Rückmeldungen ermöglicht werden und damit objektivere Aussagen gemacht werden können.

Abb. 107-109: Fotostudien zur Wasserarbeit

Abb. 108

Abb. 109

Die Einheit von Bewegungsausführung und Kondition

Jede Bewegungsausführung fällt leichter, wenn die dafür eingesetzten Muskelgruppen nicht bis an ihre Leistungsgrenze eingesetzt werden müssen. Ein „technikspezifisches Krafttraining“ kann einmal zur Intensivierung einer bestimmten Bewegung dienen oder aber auch zur spielerischen und den Körper entspannenderen Bewegung führen. Entwickelt werden kann dies durch intensivere Kraftbelastungen in Teilbewegungen (Sequenzen) der Ruderbewegung z.B. mit halber Schlaglänge den Endzug heranziehen, oder nur mit dem Innenarm (Außenarm) rudern, oder die Griffe der Skulls weiter innen fassen, oder ein kurzes Liegenbleiben in der Rücklage und dem oder der Ruder am Körper. In diesem Zusammenhang darf auch die Bedeutung eines Krafttrainings an Land zur Herausbildung der Rudertechnik nicht vergessen werden. Manchmal sind die möglichen Kraftbelastungen im Boot nicht (mehr) hoch genug, um eine Kräftigung bestimmter Muskelgruppen und Bewegungsanforderungen zu erzielen. Der Krafterhalt bedeutet dann auch manchmal das „Einfrieren“ der Technikentwicklung.
Die Ausführungen sind auch sinngemäß auf die Beweglichkeit und Dehnfähigkeit des Ruderers zu übertragen. Auch in diesem Bereich sind Weiterentwicklungen nur in einem intensivierten Training an Land möglich.

3. TEIL:
Wege und Vorgaben eines Leistungsaufbaus im Spitzenrudern

I. Der langfristige Trainingsaufbau

Das Erreichen hoher und höchster Wettkampfleistungen im Rennrudern bedingt ein mehrjähriges Grundlagentraining und meist noch einige Jahre der Erfahrung und intensivsten Trainings im Hochleistungsbereich. Damit stellt sich die Frage nach dem langfristigen Leistungsaufbau, den Zielvorgaben und Trainingskennziffern, die diesen jahrelangen Aufbau zu strukturieren versuchen. Anhand verschiedener Merkmale eines Rudertrainings soll dies für die verschiedenen Trainingsbereiche geschehen:

1. Die langfristige Wettkampfstruktur

Vom Grundlagentraining bis hin zum Beginn des Hochleistungstrainings werden Regatten und Rennen kontinuierlich gesteigert, um sich dann auf einem bestimmten Niveau einzupendeln. Die Anzahl der Regatten ist zunächst abhängig von der Saisondauer und den Zielsetzungen. Gemeint sind auch nur Regatten über die der Altersgruppe offiziell zugeordneten Streckenlängen, also keine Kurz- oder Langstreckenrennen. Auch die Anzahl der Rennen bezieht sich auf Rennen des entsprechenden Anspruchniveaus (es sollte eine Belastung der Kategorie II vorliegen), was auch unter Umständen Vorrennen auf größeren und internationalen Regatten einschließen kann.
Bei einer Wettkampfperiode von ca. 3 - 4, allenfalls 4 - 5 Monaten, entspricht dies einer durchschnittlichen Wettkampfintensität von einer alle 2 Wochen stattfindenden Regatta. Gegen eine Verminderung der Regattadichte sprechen einige Gründe:

- die Attraktivität des Ruderns als Wettkampfsport würde vermindert,
- es werden zu wenig wettkampfspezifische Reize gesetzt, die neben der physiologischen Anforderung (die ja teilweise auch im Training zu fordern wäre) vor allem auch die psychischen, moralischen und taktischen Reize erfordern,

Abb. 110:
Verteilung der Regatten und Rennen im Gesamttrainingsprozeß des Grundlagen- und Hochleistungstrainings

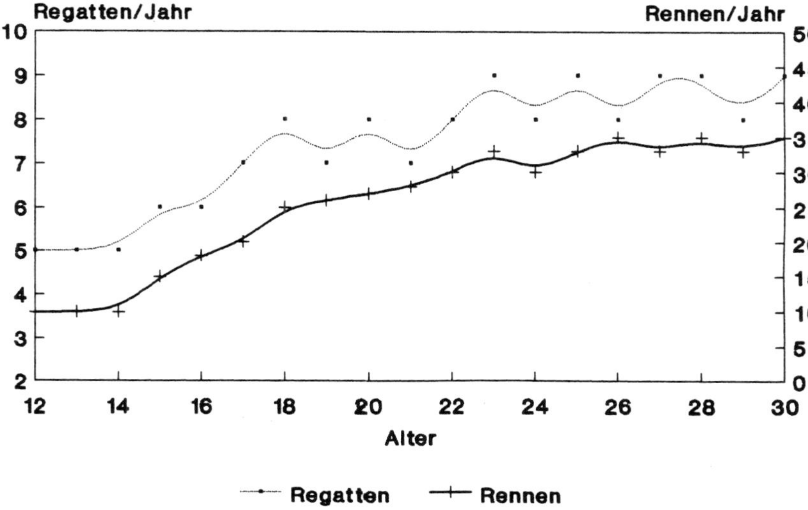

○ ein kontinuierlicher Leistungsvergleich mit der damit verbundenen Rückkopplung über den Leistungsfortschritt erleichtert die Planung des Trainings und die Ansteuerung eines Leistungsziels.

Es ist prinzipiell erstrebenswert, die Dauer der Wettkampfperiode zu verlängern, d.h. über die Sommer„ferien“zeit hinaus im Spätsommer weitere Regatten zu besuchen. Als sinnvoll hat sich auch erwiesen, ca. 3 - 4 Regatten hintereinander zu besuchen (also Wettkampfserien), dafür einen längeren Zeitraum (z.B. 3 - 4 Wochen) anzuschließen, in dem man das Training dann deutlicher in Regenerations-, Entwicklungs- und spezielle Wettkampfvorbereitungsphasen unterteilen kann. In solchen sog. Wettkampfserien werden die Rennen immer mehr als Mittel zur Gestaltung von Spitzenbelastungen und zur spezifischen Leistungsausprägung herangezogen.

2. Trainingskennziffern

Abb. 111: Trainingskennwerte ausgewählter Gruppen

Kennwert	Nachwuchs 18 - 21 J.	National/MDS 21 - 23 J.	Internation. 22 u.ä.
TE Ges/Jahr	370 - 400	400 - 450	450 - 500
TE Ges/Woche	ca. 8	ca. 9	10 u.m.
TE Was/J	220 - 250	250 - 280	300 - 330
KM Was/J	3600 - 3800	3800 - 4200	4500 - 5000
U Ges/J Min	32 - 34000	36 - 39000	40 - 45000
U GLA/J Min	5800	6000	6300
REG 2000 m	8	8	8 - 9
Rennen	28 - 30	30 - 35	30 - 35
WH KKA	45000	50000	60000
Ergo-T	4	4	6
Watt Ergo-T	>340	345 - 360	>360
Tage TL o.R.	10	20 - 30	>40
Ziele EK	1. - 4.	1. - 2.	-
DMR	F	1. - 4.	1./2.
MDS	F	1. - 4.	-
WM	-	F, E	1. - 5.

TE Ges : gesamte Anzahl der Trainingseinheiten (Wasser und Land)
U Ges : Gesamtumfang des Trainings in Minuten
WH KKA : Wiederholungen im Kraft- und Kraftausdauertraining
TL : Trainingslager (ohne Regatten gerechnet)
EK : Eichkranzrennen
DMR : Deutsches Meisterschaftsrudern
MDS : Match des Seniors
WM : Weltmeisterschaften

Eine sinnvolle langfristige Planung muß auch Anhaltspunkte über die *Trainingskennziffern* beinhalten. Zu diesen Trainingskennziffern im Rudern, die jeweils für das gesamte Jahr oder eine bestimmte Trainingsetappe angegeben werden, zählen wir

- den Jahrestrainingsumfang (Gesamt) in Minuten oder Stunden
- den Jahrestrainingsumfang in Minuten für das Wassertraining
- die Anzahl der Trainingseinheiten (Gesamt) pro Jahr
- die Anzahl der Trainingseinheiten auf dem Wasser
- den Umfang für das Grundlagenausdauertraining an Land
- die Anzahl der Gesamtwiederholungszahlen im Kraft- und Kraftausdauertraining,
- die Verteilung der verschiedenen Krafttrainingseinheiten in den Etappen,
- die notwendig erscheinende Anzahl von Tagen in Trainingslagern (zur Mannschaftsbildung).

Als Beispiel mögen Leistungs- und Trainingskennwerte für Nachwuchs- und Spitzenruderer der Leichtgewichtsklasse genügen, die den Trainern als Anhaltspunkt für einen langfristigen Trainingsaufbau dienen sollten. Im Hochleistungsrudern geht die Tendenz dahin, daß ca. 900 - 1100 Minuten pro Woche reine Trainingszeit aufgewendet werden. Dabei ist zu beachten, daß in bestimmten Abständen über das gesamte Jahr verteilt 6 - 10tägige Trainingszusammenführungen stattfinden, die den Trainingsumfang, sei es im Rudern, Skilanglauf oder anderen Ausdauersportarten (z.B. Radfahren) auf bis über 1200 Minuten ansteigen lassen können. Regenerationswochen haben dann immer noch den Umfang von etwa 500 - 600 Minuten.
Auch werden regelmäßig Tests oder Ruderwettkampfbelastungen über das gesamte Jahr durchgeführt, um die prozentuale Erhöhung dieser Belastungen im Gesamttrainingsprozeß zu gewährleisten. Neben einer sinnvollen Regattaplanung können diese Maßnahmen das Trainingsjahr abwechslungsreicher gestalten. Solche *Spitzenbelastungen in psychophysischer Hinsicht* könnten sein:

1. Ruderergometertests
2. Langstreckenrennen auf regionaler und zentraler Ebene
3. Zentrale Trainingswochenenden mit wettkampfspezifischen Belastungen („Sparring“ über bestimmte Strecken, evtl. mit SF-Begrenzungen oder Zeitvorgaben etc.)
4. Lauf- und Skilanglaufwettkämpfe
5. Regionale und zentrale motorische Tests (eher im Grundlagentraining)

II. Die Jahresplanung

1. Die Maßnahmen einer Jahresplanung

Die Jahrestrainingsplanung erfolgt auf der Grundlage der Wettkampf- bzw. Regattatermine, die ja meist von Verbandsseite oder international langfristig festgelegt werden.

1. Schritt:

Festlegung des Jahrestrainingsziels mit dem dazugehörigen Hauptwettkampf (z.B. DJM, DMR oder WM).

2. Schritt:

Einteilung des Jahres in 6 – 8 Etappen, die durch spezifische Trainingsschwerpunkte und Zielsetzungen charakterisiert sind. Die Dauer einer Etappe beträgt zwischen 4 und 8, maximal 10 Wochen. Jede Etappe sollte eine Leistungskontrolle oder -überprüfung beinhalten, die sehr unterschiedlichen Charakter haben kann (s.o.), aber in der die Erwartungen bezüglich eines Testergebnisses seitens des Trainers festgeschrieben werden.

3. Schritt:

Auf der Grundlage der Trainingskennwerte für den betreffenden Sportler oder den spezifischen Zielbereich werden für die einzelnen Etappen die *Trainingskennwerte* festgelegt. Dabei sind die individuellen Zeitkapazitäten des Sportlers, Freiräume durch Ferien oder Urlaub und auch außersportliche Beanspruchungen (z.B. Prüfungen etc.) zu berücksichtigen.

4. Schritt:

Rechtzeitig zu Beginn einer jeden Etappe werden für diese Etappe *Wochentrainingspläne* erstellt, die die Trainingsform, die Trainingsmittel und die entsprechenden Belastungsnormative festlegen. Die Erstellung der Wochentrainingspläne hat die Entwicklung des Sportlers und die jeweilige Zielsetzung dieser Etappe gleichermaßen zu berücksichtigen, und sie unterliegt innerhalb einer Etappe einer gewissen Dynamik hinsichtlich des Trainingsumfangs und der Intensität.

5. Schritt:

Solltrainingspläne und tatsächliche Trainingsgestaltung unterscheiden sich oftmals aus mehreren Gründen. Damit Trainer, Ruderer, aber auch Vereins- und Verbandssysteme aus den verschiedenen Trainingsprozessen lernen bzw. getestete Fähigkeiten auch in Beziehung zur Realisation des Trainings gesetzt werden können, ist dafür zu sorgen, daß das *Training durch den Sportler protokolliert* wird. Die Protokollierungskategorien eines Rudertrainings umfassen neben den Belastungsnormativen auch die Bootsgattungen, Trainingsformen und eventuelle Leistungsüberprüfungen mit dazugehörigem Ergebnis.

6. Schritt:

Der *Vergleich zwischen Soll- und Ist-Wert* kann in Verbindung mit der Leistungsentwicklung der Ruderer Fehlentwicklungen, Schwachstellen, oder aber auch neue Erkenntnisse, die zur Veränderung von Trainings- und Leistungskennwerten oder der gesamten Trainingsstruktur führen, aufdecken.
Die Abbildung 112 zeigt eine konkrete Einteilung in Etappen für Hochleistungsruderer mit den dazugehörigen Trainingskennwerten.

2. Die Einteilung der Jahrestrainingsetappen

In der Regel beginnt eine Jahresplanung für das nächste Jahr etwa Ende September. Bis zu diesem Termin haben die letzten Regatten stattgefunden, und es werden meist nur noch Langstreckenrennen durchgeführt. Ab diesem Zeitraum beginnt die Einteilung der Jahrestrainingsetappen. Am Beispiel der Saison 1989 soll eine Einteilungsmöglichkeit aufgezeigt und begründet werden. Diese Einteilung ist entsprechend der Saisondauer, der verbindlichen Regattatermine und der Zielsetzungen zu variieren. Die Benennung der Etappen ist dabei weitgehend der Phantasie des Trainers überlassen, sie kann mit der Jahreszeit, den Trainingsschwerpunkten oder einfach durchnumeriert werden.
Die Charakterisierung und trainingsmäßige Schwerpunktsetzung der im folgenden dargestellten Etappen eines Trainingsjahres lassen sich generell auf andere Trainingsbereiche übertragen und bedürfen gewisser Abänderungen in der Benennung der Wettkampfhöhepunkte, der Zeitpunkte der Trainingslager, Regatten und Tests.

Abb. 112:
Trainingskennwerte für die Etappen eines Jahres (hier am Beispiel 1989)

Etappe	VPA	II VPX	III VPS	IV WPV	V WPS	VI WMV
Wochen-Nr.	39 - 47	48 - 03	04 - 11	12 - 21	22 - 28	29 - 26
Dauer	9	8	8	10	7	8
TE Ges.	90	80	80	110	82	88
KM Boot	7 - 900	3 - 400	700	1200	800	1100
Kraft WH	12000	15000	12000	3000	2000	8000
GLA Min.	7 - 800	2000	2000	250	250	1500
Regatten	LS	LS,Ski	LS,Ski	4 - 5	3	1 - 2
Rennen	(2 - 3)	(2 - 3)	(3 - 4)	14 - 16	9 - 10	4 - 6
Ergo-Test						
AAS	0	1	1	1	1	2
MAX	0	1	0	1	1	1
Tr.-Lager	–	(Ski-LL)	Ski-LL	Rudern	Rudern	GLA 8
			8	10	5 - 6	Rud. 20
Tr.-WE	1	1	1	1 - 2	2	
Kraft	AK, KA I	KA II	IK, MK	KA II		KA II SKA
GLA	L,S,R	L,S,Ski	L,R,Ski	R,S,L	R,S,L	R,S,L

Erläuterungen:

Ergo-Test AAS: Stufentest zur Ermittlung der Lactatleistungskurve
MAX: Maximaltest über 6'

GLA: Grundlagenausdauertraining an Land (bevorzugtes Trainingsmittel):

L: Lauf S: Schwimmen R: Radfahren Ski: Skilanglauf

I. Etappe (hier: VPA)

Nach einer relativ kurzen Regenerationsphase nach den letzten Regatten oder Wettkämpfen werden insbesondere allgemein-entwickelnde Trainingsformen eingesetzt, die neben der noch zu dieser Jahreszeit möglichen Durchführung eines Wassertrainings im Grundlagenausdauerbereich eine gute Grundlage für die nachfolgenden Kraftausdauerbelastungen schaffen sollen. Der Umfang bewegt sich für die hier beschriebene Zielgruppe auf mittlerem Niveau, d.h. ca. 700 - 900 Minuten pro Woche.

Abb. 113: Etappe VPA

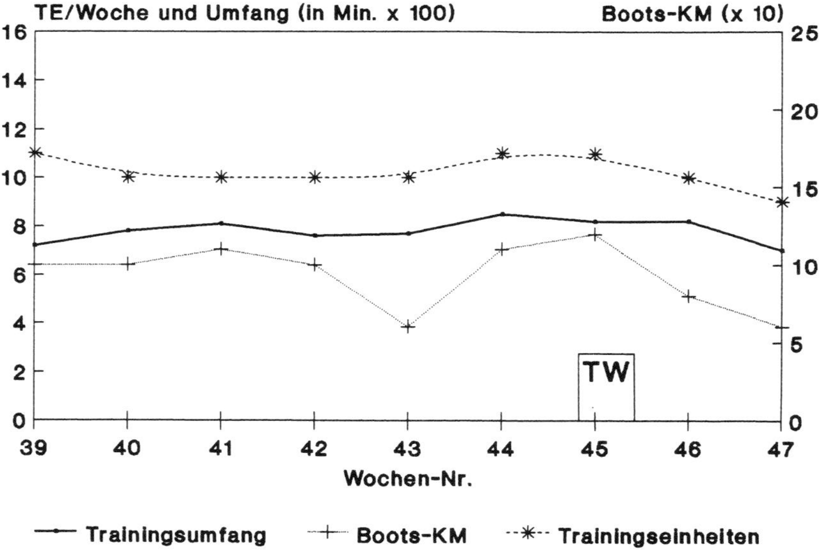

II. Etappe (VPX)

Um die Jahreswende lassen die Bedingungen (Dunkelheit, Kälte etc.) nur noch einen kleinen Umfang des Wassertrainings zu, das sich – falls möglich – auf die Wochenenden verlagert. Dafür wird das allgemeine und spezielle KA-Training enorm forciert, wobei noch vor der Jahreswende die Früchte des bisherigen Trainings in einem Ergometertest überprüft werden. Feiertage und Ferienkapazitäten nutzend können umfangreiche Ausdauerbelastungen im Rudern und/oder im Skilanglauf o.ä. gesetzt werden. Die nun erforderlichen hohen (900 - 1000 Minuten) und höchsten (über 1100 Minuten) Trainingsumfänge bedürfen einer gewissen Dynamik, die sich darin ausdrücken kann, daß 2 - 3 Wochen kontinuierlich ansteigende Umfänge gefordert werden und daran anschließend eine „Regenerationswoche" folgt. Gegen Ende dieser Etappe wird im Krafttrainingsbereich vornehmlich das IK-Training eingesetzt.

Abb. 114: Etappe VPX

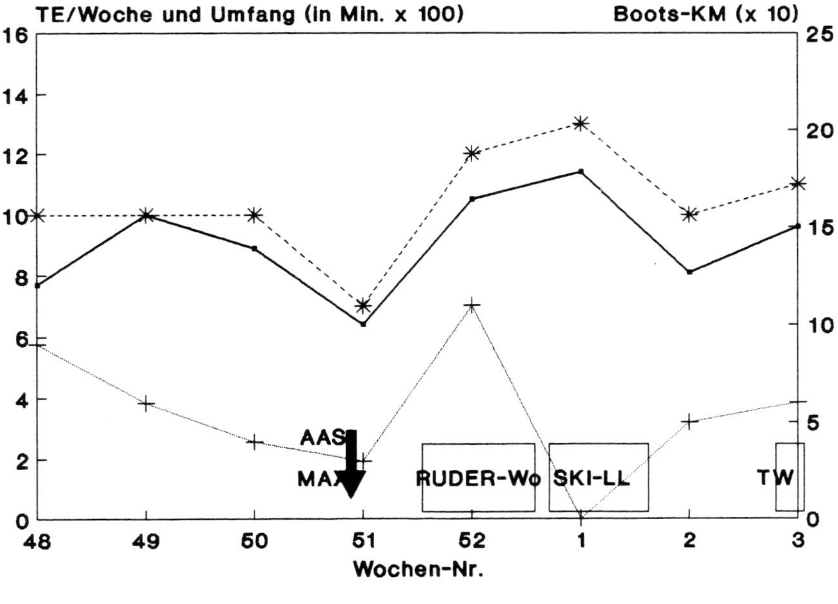

III. Etappe (VPS)

Die Dynamik (kontinuierlich ansteigende Umfänge und darauf folgende Regenerationswochen) wird fortgesetzt. Das extensive Ausdauertraining auf dem Wasser und als Skilanglauf wird bis zu höchsten Umfängen betrieben. Ein Ergometertest zur Bestimmung der Lactatentwicklungskurve bzw. der anaeroben Schwelle soll als zusätzliche Information über die Effektivität des bisherigen Trainings und zur Intensitätsfestlegung des nachfolgenden Ausdauertrainings dienen.

Abb. 115: Etappe VPS

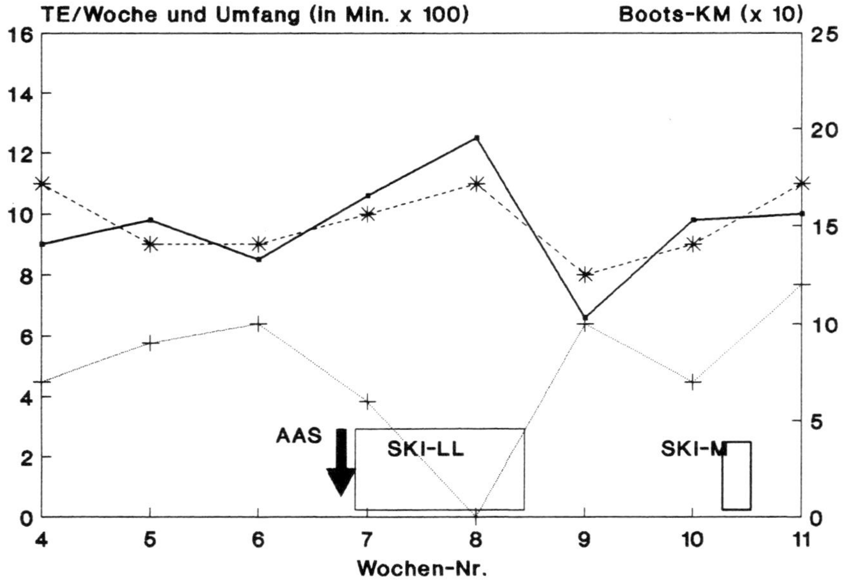

IV. Etappe (WPV)

Neben dem zentralen Trainingslager (ca. 10 Tage) ist diese Etappe durch zahlreiche Regatten geprägt, die vor allem als Trainingsmittel zur Herausbildung wettkampfspezifischer Fähigkeiten eingesetzt werden. Dabei wird die Möglichkeit von Wettkampfserien genutzt, d.h., daß an mehreren Wochenenden hintereinander eine Vielzahl von Rennen gerudert werden. Ein erster (abgeschwächter) Saisonhöhepunkt stellt eine internationale Großregatta dar, die als ein Qualifikationskriterium für die Weltmeisterschaften gezählt wird. Der Trainingsumfang wird – bedingt durch die hohen wettkampfspezifischen Belastungen – auf einem mittleren Niveau (ca. 750 - 900 Minuten) gehalten, während die hohe Anzahl der Trainingseinheiten durch die spezifischen Regattasituationen zustande kommen. Zum Ausgang der „Winterarbeit" oder zu Beginn der Wettkampfsaison bestimmt ein Ergometertest das physische Leistungsniveau der Sportler.

Abb. 116: Etappe WPV

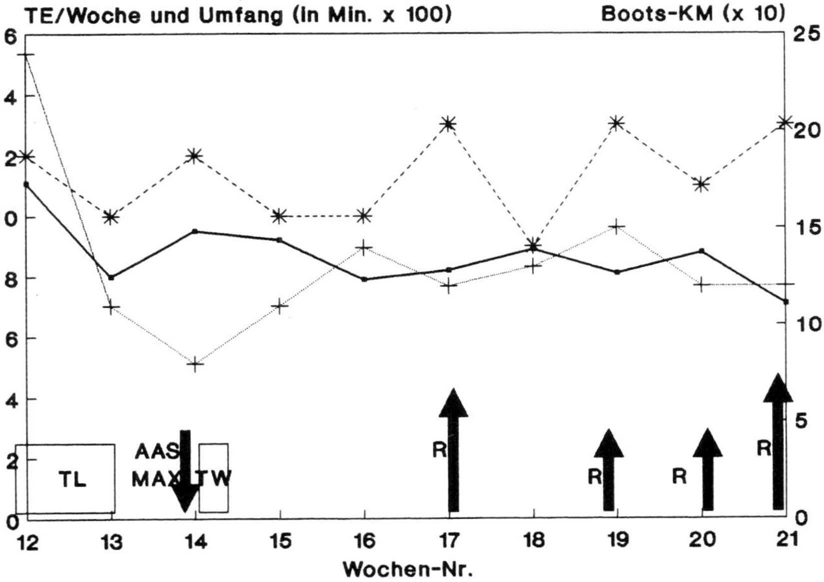

V. Etappe (WPS)

Am Ende dieser Etappe liegt der 2. Wettkampfhöhepunkt in Form einer internationalen Regatta und den Deutschen Meisterschaften, die beide zur Qualifikation und Nominierung für die WM bestimmend sind. Die vorausgehende Selektion mit Testrennen und Ergometertest bestimmt die Bootsbesatzungen für diese eminent bedeutsamen Regatten. Durch die größeren Wettkampfabstände wird wieder eine deutlichere Periodisierung erkennbar, die im Kleinen wie auch über größere Zeiträume die gleichen Muster haben. Die Umfänge schwanken zwischen 700 und 1050 Minuten Training pro Woche.

Abb. 117: Etappe WPS

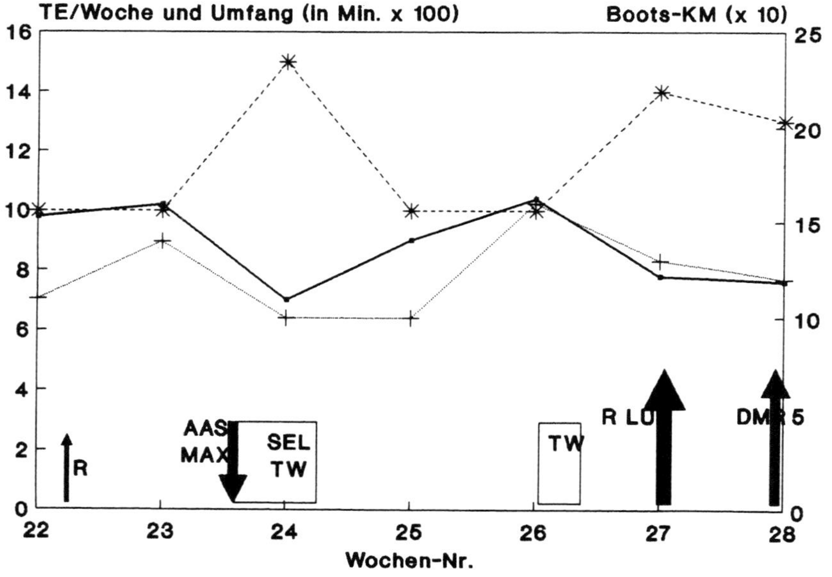

VI. Etappe (WMV)

Diese Etappe ist geprägt durch den absoluten Saisonhöhepunkt, die Weltmeisterschaft. Diese 8 Wochen durchlaufen mehr oder weniger in Kurzform die gesamte Saison, vom Training der Grundlagen- und Kraftausdauer (Wochen 29 - 32), der intensiven Ausdauer in der Wettkampfübung (Wochen 32 - 34), des wettkampfspezifischen Ausdauertrainings und dem Wettkampfhöhepunkt selbst. Auf der Grundlage eines in der bereits abgelaufenen Saison hoch entwickelten Leistungsstandes werden jetzt die höchsten Umfänge und Bootskilometer in der Trainingsarbeit der Saison erreicht (insgesamt 4 Wochen über 1100 Minuten bzw. 3 x über 170 km). Ein Eingangs- und Ausgangstest während der direkten WM-Vorbereitung geben Aufschluß über die jeweils aktuellen Leistungsstände der Ruderer bzw. lassen direkte Prognosen für den WM-Erfolg zu. Erwähnenswert ist, daß ein ausgiebiges KA-Training an Land auch bis ca. 3 Wochen vor der WM beibehalten worden ist.

Abb. 118: Etappe WMV

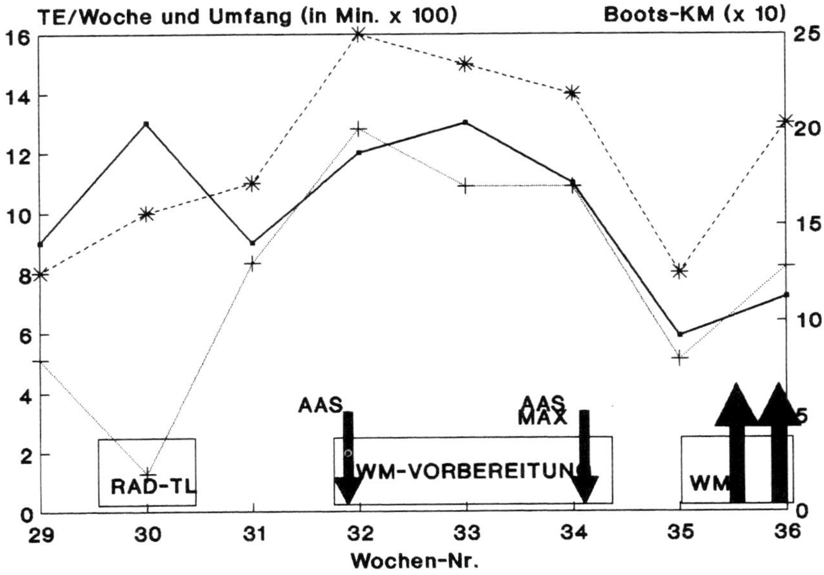

3. Zur Periodisierung des Rudertrainings

Periodisierung meint die Festlegung einer kontinuierlichen Folge von Zeitabschnitten im Prozeß der Herausbildung der sportlichen Topform innerhalb eines Trainingsjahres. Diese Herausbildung der Topform kann eingipflig, zwei- oder mehrgipflig sein. Das ist abhängig von den Zielsetzungen, dem Leistungs- und Entwicklungsniveau der Sportler und der Saisondauer.
Während im Grundlagentraining noch weitgehend eingipflig periodisiert wird, erfordert das Hochleistungstraining – nicht zuletzt wegen der sich ständig verlängernden Wettkampfsaison – eine mehrgipflige Periodisierung. Aber auch im GLT und im Rennrudertraining gewinnt man immer mehr die Überzeugung, im Hinblick auf die Leistungsentwicklung der Sportler die Regatten nach der einschneidenden Sommerferienpause in die Jahresplanung einzubeziehen, wodurch sich automatisch eine zweigipflige Periodisierung ergibt. Die Vorteile einer zwei- oder mehrgipfligen Periodisierung sind insbesondere im Hochleistungstraining offensichtlich:

1. Der Organismus durchläuft mehrfach sämtliche zu entwickelnde Leistungsfaktoren und Beanspruchungsformen.
2. Mehrfachperiodisierung hilft gegen Trainingsmonotonie, Reizübersättigung und psychische Passivität.
3. Durch den Wechsel der Trainingsmittel und -formen werden vielseitige Anforderungen gesetzt, Disbalancen und eventuelle Überlastungen sind seltener.
4. Trainer und Sportler können gemachte Erfahrungen öfter und effektiver umsetzen, Fehler wirken sich nicht so schwerwiegend aus wie z.B. bei eingipfligen Periodisierungen.
5. Die komplexen Anforderungen mit den Teilfaktoren können besser akzentuiert und betont werden.

Mehrgipflige Periodisierungen haben nur einen Sinn, wenn entsprechende Zeiträume zur Herausbildung der konditionellen Fähigkeiten (mindestens 6 bis 10 Wochen) zur Verfügung stehen. In dieser Zeit sollte das Rudertraining folgende Trainingsschwerpunkte durchlaufen:

1. Regeneration und allgemeine Konditionsverbesserung (1 - 2 Wochen)
2. Allgemeine und spezifische Grundlagen- und Kraftausdauer (2 - 4 Wochen)
3. Aufbauwettkämpfe oder intensive spezifische GLA und KA (2 - 4 Wochen)
4. Spezielle Ausdauerntwicklung, falls keine Aufbauwettkämpfe (1 Woche) stattfinden
5. Wettkampfhöhepunkt (1 Woche)

Die Dauer dieses Zeitraums wird einerseits vom Ausgangsniveau der Leistungsfähigkeit, andererseits natürlich vom Terminplan der Regatten bestimmt. Jeder dieser genannten Schwerpunkte kann dahingehend akzentuiert werden, daß er als Spitzenbelastung, als „power-Woche" oder „-Block" durchgeführt wird. Dies bietet sich insbesondere für das allgemeine und spezifische GLA- und KA-Training (Beispiel: Skilanglauf und Radwoche mit je über 1200 Minuten), aber auch für die intensive spezifische GLA und KA (Rudertrainingslager z.B. Wochen 52, 12 - 13, 32 - 34) und die spezielle Ausdauerentwicklung (Wettkampfserien bzw. Regatten mit 4 - 6 Rennen, Trainingswochenenden als Trainingshöhepunkte) an.
Periodisierungen in der dargestellten Form als mehrgipflige Wettkampfhöhepunkte haben da ihre Grenzen, wo die entsprechenden Grundlagen, z.B. der aeroben Ausdauer oder der allgemeinen Kraftfähigkeiten, nur unzureichend ausgebildet sind. Der Zeitraum von 2 - 4 Wochen für die Herausbildung einer Eigenschaft gelingt nur, wenn ein entsprechend hohes Ausgangsniveau vor Beginn dieser Etappe erreicht ist. Ohne entsprechende Grundlagen besteht bei einer mehrgipfligen Periodisierung die Gefahr, daß die Sportler „leerlaufen". Die für ein geringeres Leistungs- und Entwicklungsniveau erforderlichen Regenerationszeiten können möglicherweise nicht eingehalten werden, das Prinzip von Belastung und Erholung wird vernachlässigt.

4. Der Wochentrainingsplan

Auch innerhalb einer Trainingswoche ist eine gewisse Dynamisierung der Belastungsumfänge und -intensitäten erforderlich. Dabei sind grundsätzlich drei idealtypische Varianten denkbar:

1. Je nach erwünschtem Trainingsschwerpunkt werden ein über den anderen Tag (im Nachwuchsbereich eher jeden 3. Tag) optimale Intensitäten und Umfänge gesetzt. Dazwischen liegen Belastungen mit geringerer Intensität und mittleren Umfängen. Ein solches Schema bietet sich z.B. für Schwerpunktbelastungen der Kraft- und intensiven Kraftausdauerentwicklung an.

Mo:		MK-Training + 20' Ergo VI
Di :		80' GLA V - VI + 20' Ergo V
Mi	vo:	45' Ergo V oder GLA V
	na:	MK-Training + 20' Ergo VI
Do	vo:	45' Ergo oder GLA V
	na:	90' Rudern V, alle 10' 10 Schläge RF
Fr :		MK-Training + 20' Ergo VI
Sa	vo:	90' Rudern V
	na:	90' Rudern V, darin 1 x 30' IV
So :		100' Rudern V - VI

2. Es werden über 2 - 4 Einheiten kontinuierlich ansteigende oder hohe Belastungen gefordert, auf die 1 - 3 regenerierende Einheiten folgen. Dieses Schema bietet sich vor allem zur Ausprägung aerober und spezieller Ausdauerschulung an. Auch für die zeitliche Ausnutzung in Trainingslagern kann dieses Schema über einen begrenzten Zeitraum (max. 8 - 10 Tage) nützlich sein, vorausgesetzt, nach dem Trainingslager ist für ausreichende Regeneration gesorgt (mindestens 4 - 5 Tage).

Fr	vo:	60' Rudern VI
	na:	60' Rudern V, Schnelligkeitsprogramm
Sa	vo:	80' Rudern V
	na:	90' Rudern V, darin 6 x 500 m III
So	vo:	80' Rudern VI, 1 x 500, 1 x 1500, 1 x 1000 m II
	na:	80' Rudern VI, 2-3 x 1000 m II
Mo	vo:	90' Rudern V, darin 3 x 2000 m III-IV
Di	vo:	frei
	na:	60' Rudern VI oder GLA
Mi	vo:	80' Rudern V - VI
	na:	frei
Do	vo:	60' Rudern V - VI

3. Die dritte Variante versucht in komplexer Weise das Leistungsniveau verschiedener Fähigkeiten zu stabilisieren. Dabei ist es durchaus möglich, Belastungen mit entsprechenden Intensitäten, aber deren Entwicklung nicht unbedingt fördernden Umfängen in den aufeinanderfolgenden Trainingseinheiten einzusetzen. Diese Möglichkeit bietet sich vor allem für die Wochenplanung zwischen Regatten oder zur Stabilisierung der speziellen Ausdauer vor wichtigen Wettkämpfen an, deren Zeitraum auch dadurch geprägt sein kann, daß Ruderer, die bis dahin ein individuelles Training durchgeführt haben, sich zum gemeinsamen Training unmittelbar vor dem Wettkampf treffen. Im Sinne mannschaftsinterner Koordination ist dann weniger die Entwicklung bestimmter Fähigkeiten als eine Technikökonomisierung in der wettkampfspezifischen Intensität erforderlich.

Mo:		80' Rudern V
Di	vo:	60' Rudern V, alle 2000 m 10 Schläge RSF
	na:	80' Rudern V, darin 2 x 7' IV, Pause 15'
Mi	vo:	60' Rudern VI, Technikübungen
	na:	80' Rudern V, darin 2 x 3' III, 1 x 500 m II o.Start
Do	vo:	60' Rudern VI
	na:	60' Rudern VI, darin 2 x 15 aus dem Stand max. I
Fr	vo:	frei
	na:	60' Rudern V, 1 x 1000 m IV, 2 x 250 m RSF III
Sa/So		Regatta

Im Wochentrainingsplan aufgenommen sein sollten:

- ○ genaue Tagesprogramme
- ○ die Einteilung der Trainingseinheiten
- ○ die Aufgabenstellung, Zielsetzung oder inhaltliche Orientierung einer Trainingseinheit
- ○ die anzuwendenen Trainings- und Übungsformen
- ○ die Belastungsnormative (Umfang, Intensität, Pausendauer)
- ○ Angaben über Tests und Wettkämpfe, Regatten etc.

Aus diesen Wochenplänen sollte für jeden Sportler erkennbar werden, worin die erforderlichen Belastungen, aber auch die möglichen Spielräume (z. B. im Einsatz der Trainingsmittel oder Trainingsformen) bestehen.

III. Kontrollverfahren zur Leistungsoptimierung

In einem langfristigen, zielgerichteten Trainingsprozeß müssen spezifische Kontrollverfahren als Steuerungs- und Regelungsmechanismen im Training eingesetzt werden. Dabei können diese Kontrollverfahren recht einfach sein, die jeder Trainer jederzeit einsetzen kann, es können aber auch Instrumente mit erheblichem personellen und materiellen Aufwand sein, deren Einsatz auf bestimmte Zeitabschnitte in einem Trainingsjahr beschränkt ist. Schließlich bietet sich die Regatta, der Wettkampf selbst als Leistungskontrolle an.
Kontrollverfahren dienen der Optimierung der Leistungsfähigkeit eines oder mehrerer Athleten. Man versucht damit, den günstigsten und effektivsten Weg der Leistungssteigerung oder -erhaltung zu finden und eventuellen Fehlentwicklungen entgegenzuwirken. Die Optimierung der Leistungsfähigkeit ist im sportlichen Training durch die sich ständig wiederholenden Schritte *Analyse, Diagnose und Ansteuerung* charakterisiert, die man auch mit dem Begriff *Trainingssteuerung* (im engeren Sinne) bezeichnet.

Abb. 119: Trainingssteuerung im engeren Sinne

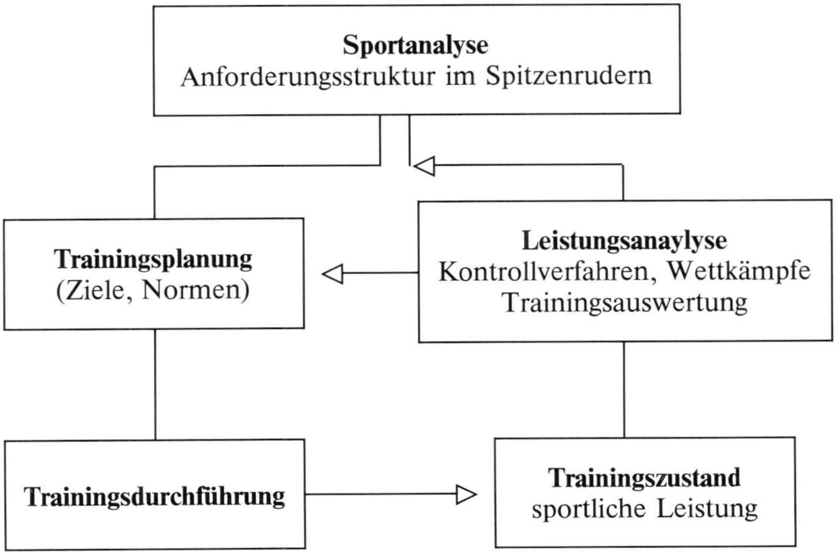

Die *direkte Leistungskontrolle* im Rennrudern erfolgt durch die Analyse der Ruderrennen. Sie enthalten die ganzheitliche und komplexe Information über den Sportler und dessen Leistungszustand. Zur Analyse der die komplexe Leistung bestimmenden einzelnen Leistungsfaktoren benötigt der Trainer *indirekte Kontrollverfahren*, die sich meist - im Gegensatz zu den direkten - dadurch auszeichnen, daß sie bezüglich eines Leistungsfaktors genauere und objektivere Aussagen ermöglichen.

Indirekte Kontrollverfahren im Rennrudern sind:

- Ruderzeiten über Meßstrecken,
- sportmotorische Tests (Kraft-, Kraftausdauertests an der Hantel, Lauftests),
- Technikanalysen durch Videoaufnahmen oder
- biochemische und physiologische Testverfahren,
- Trainings- und Wettkampfdokumentation und -beobachtungen.

1. Die Dokumentation des Trainings (Trainingsprotokollierung)

Unter der Trainingsprotokollierung versteht man das systematische Registrieren der Trainingsziele, -umfänge, Belastungsnormative, Trainingseinschränkungen sowie die Ergebnisse von Leistungskontrollen und Wettkämpfen. Die durch die Trainingsprotokollierung mögliche Information über das tatsächlich stattgefundene Training läßt nicht nur den Soll-Ist-Vergleich zu, sondern liefert auch wertvolle Hinweise über die Trainingsstrukturentwicklung einer Sportart, wie z.B. die Erstellung neuer Rahmenpläne, Periodisierungsmodelle und Methodenentwicklung. Die Trainingsprotokollierung erfolgt in der Regel in vorgefertigte, der Trainingsstruktur des Ruderns entsprechende Trainingsbücher oder Protokollbögen, die eine computergerechte Auswertung ermöglichen. Ein Beispiel sei auf der folgenden Seite vorgestellt:

Abb. 120: Trainingsprotokollierungsbogen (beispielhaft ausgefüllt)

ChampCalC Datasheet | Name | vom 31.07. bis 06.08. | Woche 31 /1989

	Haupttrainingsziel												Trainingsumfang (min)												TU K	TU Wasser (km)						
	TE Wasser						GLA		Erg		K	S	TU Wasser (KAT)						GLA		Ergo		SK MK KA	Son	Wdh.	1x	2x	2-	4x-	4-	8+	Son
	1	2	3	4	5	6	i	e	i	e			1	2	3	4	5	6	int	ext	int	ext										
Mo.																																
						X												70								14						
Di.						X												60								12						
					X												60						15			12						
Mi.											X							40					110		1400	7						
					X												95									20						
Do.																																
					X												90									18						
Fr.											X												105		1300							
					X												70									15						
Sa.					X												90									18						
						X												40													9	
So.			X												20			55								15						
Σ			1		5	3					2				20		405	265					230		Wdh:	131					9	
	Anzahl TE : 11												Trainingsumfang (min) : 920												2700	TU Wasser (km) : 140						

ChampCalC 1989 Björn Gehlsen

Dieser, in Zusammenarbeit mit Björn GEHLSEN entwickelte Protokollbogen ermöglicht die Auswertung folgender Informationen:

- Saison, Wochen-Nr., Name des Ruderers
- Haupttrainingsziel, aufgegliedert in das Wassertraining (in der Angabe der Kategorien), GLA- und Ergometertraining an Land (aufgegliedert in extensive oder intensive Ausdauerbelastungen), Krafttraining und Sonstiges.
- Trainingsumfang und der Umfang in den bewältigten Intensitätsbereichen (in Minuten), beim Krafttraining: Wiederholungen.
- Trainingsumfang in den einzelnen Bootsgattungen in KM.

Für die Auswertung einer Woche genügen die Eingaben in der untersten Zeile, die im Computer z.B. gespeichert werden können (vgl. Abb. 120) und mit Hilfe eines Auswertungsprogramms für das gesamte Jahr für jeden Ruderer bzw. für bestimmte statistische Gruppen ausgewertet werden kann. Schlußfolgerungen ermöglichen dann einen Soll-Ist-Vergleich, der wochen-, etappen- und saisonweise durchgeführt wird (Abb. 121).

Abb. 121: In Datei übertragenes Trainingsprotokoll

Woche 23/89			Name: Christoph Columbus				
	TE	TU(min)	Wdh.	Boot	km	Tests:	
Kategorie I	0	2		1 x :	87		
II	0	2				Stufentest:	
III	1	12					
IV	2	38		2 x :	12		Watt
V	2	398					
VI	1	158		2 - :	0	AAS 2	216
						AAS 4	321
GLA intensiv	0	0				AAS 6	342
GLA extensiv	1	120		4 x :	18		
Ergo intensiv	0	0		4 - :	0		
Ergo extensiv	0	0				MAX-Test:	
SK/MK/KA	3	210	3600	8 +:	0	Watt:	379
Sonstiges	0	45		Son:	0		
	10	985	3600		117		
				Daten korrekt? (J/N)			

2. Sportmotorische Testverfahren

Die Bedeutung einfacher sportmotorischer Testverfahren zur Analyse der Kraft- und Kraftausdauerfähigkeiten nimmt mit zunehmendem Trainingsalter und Leistungsniveau ab. Eine sinnvolle Aussagekraft über die Entwicklung dieser Leistungsfaktoren ist allerdings im Grundlagentraining möglich. Die Forderung, möglichst zeitsparend und ökonomisch allgemeine Kraft- und Kraftausdauer im laufenden Training und in bestimmten Zeitabständen zu kontrollieren, läßt folgendes, einfaches Verfahren vorschlagen:

A. Kontrolle der Maximalkraft:

Bankziehen unter standardisierten Bedingungen (Hubhöhe, Brettdicke, auf dem Brett aufliegende, nicht fixierte Füße) als Steigerungsversuche.

B. Kontrolle der Kraftausdauer:

Bankziehen (s.o.) mit einem festgelegten Gewicht und festgelegter Bewegungsfrequenz (25 – 30 Wiederholungen pro Minute) bis zum Versuchsabbruch. Die Gewichte werden je nach Zielgruppe festgesetzt:

Männer schwer	50 kg
Männer leicht	45 - 50 kg
Frauen schwer	40 - 45 kg
Frauen leicht	35 - 40 kg
Junioren A	45 - 50 kg
Junioren B	35 - 45 kg
Juniorinnen A	30 - 40 kg
Juniorinnen B	25 - 30 kg

C. Kontrolle der Schnellkraftausdauer

Strecksprünge bei vorgegebener Sprunghöhe (30 cm über der Reichhöhe aus dem Stand muß ein gespanntes Seil o.ä. beidhändig berührt werden). Aus der Hocke und einer beidhändigen Bodenberührung (bei jedem Sprung) wird die Anzahl der Strecksprünge über eine Minute gewertet.

Diese drei Tests lassen sich innerhalb einer Trainingseinheit (und damit sehr zeitsparend) durchführen. Sinnvoll hat sich auch die hier vorgestellte Reihenfolge ergeben. Zu beachten ist, daß die Bewegungsausführungen standardisiert sind, d.h., einmal eingeführte Bedingungen sollten beibehalten werden und die Ausführungen, z.B. bei den Strecksprüngen, kontrolliert werden.

D. Ausdauertests

Im allgemeinen Bereich bieten sich vor allem Lauftests über festgelegte Strecken (5000 - 10000 m) und Bedingungen (Bodenbeschaffenheit) an. Diese Art der Tests sollte allerdings auf die ersten Jahre des Grundlagentrainings beschränkt bleiben und bald den spezifischen Ausdauertests im Boot bzw. auf dem Wasser weichen.

3. Sportmedizinische Test- und Kontrollverfahren

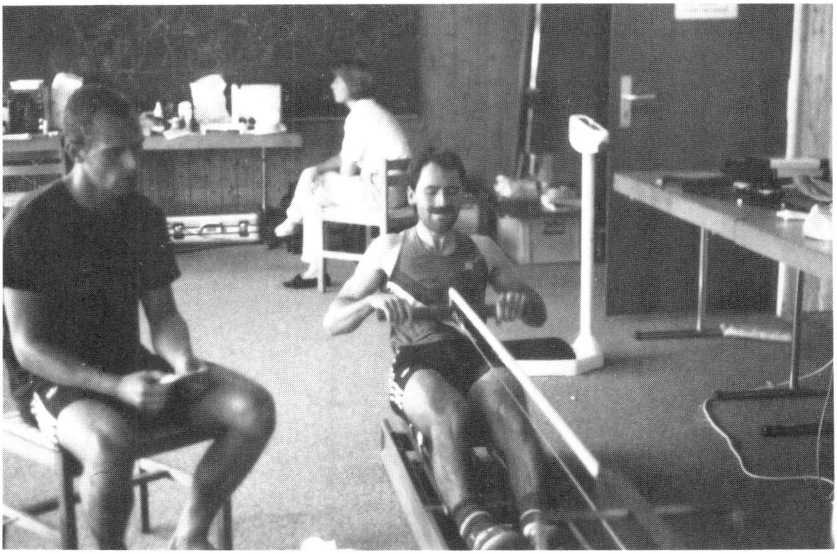

Abb. 122: Leistungstest auf dem Gjessing-Ruderergometer

Die sportmedizinischen Test- und Kontrollverfahren lassen sich generell in zwei große Gruppen aufteilen: den Feldtests und den Labortests. Untersuchungen unter den Bedingungen des Feldes, d.h. Messungen im Boot während oder nach dem Training bzw. nach den Rennen sind oftmals sehr aufwendig und bedürfen eingehender Erfahrungen des Untersuchungsteams.

Übersicht über die im Rudern am häufigsten eingesetzten Kontrollverfahren und deren sportmedizinischen Parameter:

Parameter		**Merkmal**
Wettkampfzeit 2000 m	(t)	spezielle Ausdauer
Leistung über 6' auf dem Ruderergonometer	(P_{max})	spezielle physiologische Leistungsfähigkeit
Lactatleistungskurve	(LLK)	Beurteilung der metabolischen Beanspruchung
Maximale Sauerstoffaufnahme	($VO_{2\ max}$)	Aerobe Leistungsfähigkeit
Aerobe und Anaerobe Schwellenbestimmung auf den Ruderergometer	(AS, AAS)	spezifische aerobe Ausdauerleistungsfähigkeit
Maximale Leistung über 5 Schläge auf dem Ruderergometer	(F_{max})	alactazide anerobe Kapazität
Maximale Leistung über 40 s auf dem Ruderergonometer	(P_{max}) (dLa/dt) (La_{max})	lactazide anaerobe Kapazität Lactatbildungsgeschwindigkeit maximale Lactatkonzentration
Herzfreqenzmessung während des Trainings Lactat-Herzfrequenzkurvenvermittlung im Feld und im Labor	(Hf)	Intensitätskontrolle der extensiven und intensiven spezifischen aeroben Ausdauerbelastung

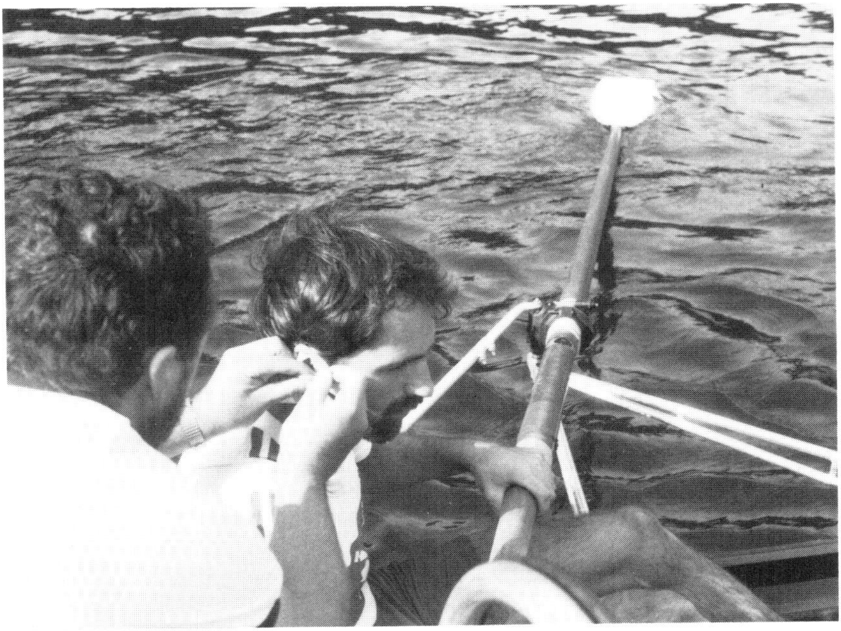

Abb. 123:
Feldtest: Lactatabnahme nach intensiver Ausdauerbelastung im Training

Für die Trainingssteuerung und die Leistungskontrolle relevant sind nur ruderspezifische Testverfahren, wobei sich unter Laborbedingungen das sog. Gjessing-Ergometer oder elektrodynamisch gebremste Ruderergometer anbieten. Die Möglichkeiten sportmedizinischer Tests sind hinreichend beschrieben worden (vgl. STEINACKER 1988).

4. Möglichkeiten der Trainingsüberwachung

Neben der Lactatbestimmung und der Überwachung der Herzfrequenz zur Beurteilung der Intensität im Rudertraining können weitere Parameter in der Überwachung des Sportlers und der Trainingssteuerung eingesetzt werden. So kann zur Beurteilung der *metabolischen* Belastung die Konzentration des Harnstoffs im Blut gemessen werden. Erhöhte Werte (über 8 mmol/l) dieses Endprodukts des Eiweißstoffwechsels können

auf ein Übertraining im metabolischen Bereich hinweisen, der Wert ist jedoch auch abhängig vom prozentualen Anteil der roten und weißen Zellen am Blutvolumen (Hämatokrit), der durch vermehrtes Trinken gesenkt werden kann, und von der Ernährung.
Zur Beurteilung der *muskulären Belastung* wird der CK-Wert (Kreatinkinase) herangezogen. Zwischen dem CK-Wert und dem Harnstoffwert besteht kein Zusammenhang, so daß beide Parameter ermittelt werden müssen. Während ein kontinuierlich steigender Harnstoffwert z.B. in einem Trainingslager eine Trainingsreduktion erfordert, muß der Anstieg des CK-Wertes keine Reduktion des Trainingsumfangs oder der Intensität zur Folge haben; es brauchen nur besondere, muskuläre Belastungsformen gegen weniger oder anders belastende Formen ausgetauscht werden.
Ein Hinweis verdient die Überwachung der Wärmeregulation und des Elektrolyt- bzw. Wasserhaushalts im Rudertraining. Bei längerer körperlicher Aktivität steigt der Energieumsatz in Abhängigkeit der Belastungsintensität an. Aufgrund des sehr ungünstigen mechanischen Wirkungsgrades des Menschen (bestenfalls ca. 25 % in der Sportpraxis) werden 75 - 97 % der umgesetzten Energie in Wärme verwandelt. Neben der Erhöhung der Muskeltemperatur und der Körperschalentemperatur führt dies auch zur Steigerung der Körperkerntemperatur, zu einem Wärmestau, der die Ausdauerleistungsfähigkeit stark beeinträchtigen kann. Im Zusammenhang mit dem damit verbundenen Schweiß- und Elektrolytverlust (in einem Ruderrennen ca. 0,8 Liter, in einer Trainingseinheit von 90 Minuten Dauer durchaus bis zu 3,5 Liter) ist folgendes anzumerken:

- Ein Flüssigkeitsverlust von 2 - 4 % kann bereits die Ausdauerleistungsfähigkeit beeinträchtigen.
- Ein Flüssigkeitsverlust bis ca. 2 % beeinträchtigt das Blutvolumen nicht, da diese Flüssigkeit aus dem Zwischenzellraum des Gewebes kommt. Danach wird aber das Blutplasma der unmittelbare Flüssigkeitslieferant für die Schweißbildung, was zur Bluteindickung, zu verstärkter Herzarbeit führt und die maximale Sauerstoffaufnahme vermindert.
- Die im Schweiß enthaltenen und dem Körper damit verlorengehenden Elektrolyte wie Kochsalz, Kalium, Magnesium sowie die Spurenelemente Eisen und Zink rufen Beeinträchtigungen der Muskelarbeit und des Sauerstofftransportes hervor.

Abb. 124:
Harnstoff- und HK-Kontrolle eines WM-Ruderers im Verlauf eines Trainingslagers

Abteilung Sport- u. Leistungsmedizin
Medizinische Universitätsklinik und Poliklinik Ulm

WM-Vorbereitungslager Leichtgewichte
München und Sylvensteinstausee 7. 8. 89 bis 24. 8. 89

Laborwerte:

Parameter	HK %	Harnstoff mmol/l	Hb g %
Datum 7. 8.	46	–	16,0
10. 8.	47	5,02	–
11. 8.	–	–	–
12. 8.	49	–	–
14. 8.	47	8,81	–
15. 8.	48	7,98	–
17. 8.	–	–	16,5
18. 8.	47	5,83	–
20. 8.	50	–	–
22. 8.	49	7,29	–
24. 8.	53	–	–
26. 8.	51	4,22	–

Durch Training können in diesem Bereich jedoch einige Anpassungsvorgänge erzielt werden:

- Trainierte tolerieren z.B. höhere Körperkerntemperaturen.
- Die Schweißproduktion kann verdoppelt werden (Untrainierte 0,8 l/Std., Trainierte 2 - 3 l/Std.).
- Selbst bei Wasserverlusten von 3 % sind im sehr gut trainierten Zustand noch Höchstleistungen möglich.
- Höhere Wasserverluste schlagen sich auch nicht so sehr in einer Verringerung des Blutplasmas nieder.

Trotz der Kompensationsmechanismen sehr gut trainierter Ruderer ist darauf zu achten, daß durch rechtzeitiges, ausreichendes Trinken der Temperaturanstieg verzögert wird, und damit auch der Wärmeabtransport und die Schweißausscheidung gesteigert und dem Elektrolytmangel vorgebeugt wird. Für die Flüssigkeitszufuhr während langer Ausdauerbelastungen, wie sie im Rudertraining fast täglich gefordert werden, schlägt ZINTL (1988, 79) vor:

- 1 Liter/Stunde eines Getränks, das die Schweißelektrolyte ersetzt,
- verteilt auf ca. 0,25 Liter pro 15 Minuten,
- Beginn der Aufnahme vor einem ausgeprägten Durstgefühl.

IV. Die Vorbereitung auf Ruderwettkämpfe

Ziel und Zweck eines jeden Rudertrainings ist das erfolgreiche Bestehen auf den Regatten, wobei eine langfristige und zielgerichtete Trainingsplanung Ruderwettkämpfe mit unterschiedlichen Wertigkeiten besetzt:

1. Wettkämpfe können meist zu Beginn einer Saison oder in der mittelfristigen Vorbereitung auf den Hauptwettkampf zur Herausbildung der speziellen Ausdauerfähigkeit dienen *(Aufbauwettkämpfe).*
2. *Testregatten und Qualifikationsregatten* dienen zur Überprüfung des ruderischen Leistungsniveaus und eventuell zur Auswahl der Ruderer für bestimmte Aufgaben innerhalb einer Saison (z.B. Länderkämpfe, Normerfüllungen).
3. *Nominierungsregatten* dagegen bestimmen aufgrund festgelegter Kriterien Ruderer und Mannschaften für die Hauptwettkämpfe (z.B. Weltmeisterschaften, Match des Seniors).
4. *Hauptwettkämpfe* sind abhängig von den Zielsetzungen und Leistungsbereichen der Sportler. Es ist der Wettkampf, zu dem versucht wird, die bestmögliche Leistung in der laufenden Saison zu erbringen (z.B. Weltmeisterschaften, Deutsche Jugendmeisterschaften, Deutsche Meisterschaften etc.).

Die Vorbereitung auf alle Wettkämpfe läßt sich in eine mittelfristige (Etappe), eine kurzfristige (Woche) und eine unmittelbare (Regattatag) Vorbereitung gliedern, die entsprechend der Funktion der Wettkämpfe unterschiedliche Ausprägungen hat.

1. Die mittelfristige Vorbereitung auf die Wettkämpfe

Die Aufteilung des Trainingsjahres in verschiedene Etappen wieder aufgreifend, bedeutet die mittelfristige Vorbereitung auf einen Wettkampf trainingsmethodisch das Durchlaufen der wichtigsten Faktoren des ruderischen Leistungstrainings:

1. allgemeine Konditionierung
2. Schwerpunkt extensive GLA und KA
3. Schwerpunkt intensive GLA und KA
4. Entwicklung der wettkampfspezifischen Ausdauer
5. Regattawoche

Diese Vorbereitung gewinnt für den Hauptwettkampf die zentrale Bedeutung. Sie sollte unter Unterordnung aller persönlichen Belange intensiv genutzt werden. Auf der Grundlage eines guten bis sehr guten Leistungsniveaus kann in dieser Vorbereitung noch eine Leistungssteigerung erreicht werden, vor allem dann, wenn das Training durch eine komplexe leistungsphysiologische Diagnostik (Lactat- und HF-Messung, biochemische Parameter), entsprechende Zeitpotentiale (Trainingslager über 2 - 4 Wochen) und das trainingsmethodische Wissen unterstützt wird.
Werden andere Regatten (Aufbauwettkämpfe) zur Herausbildung der speziellen Ausdauer eingesetzt, ist darauf zu achten, daß sie einer gründlichen Vorbereitung (1. - 3.) nachgesetzt werden und zwischen den wettkampfspezifischen Belastungen für hinreichende Erholung (3 - 6 Tage) gesorgt wird. Sollten die Hauptgegner und deren Stärken und Schwächen bekannt sein, dann kann die methodische Vorbereitung auch schwerpunktmäßig auf die notwendigen taktischen Fähigkeiten ausgerichtet werden (z.B. Verbesserung der Start- und Endspurtfähigkeit, des KA-Niveaus, Schlaglänge etc.). Die eigenen Schwächen und Stärken werden mit denen der Gegner auf der Grundlage von Wettkampfbeobachtungen verglichen und in ihren Konsequenzen trainingsmethodisch umgesetzt. Dazu gehören auch Umstellungen auf besondere Wettkampfzeiten, klimatische und räumliche Gegebenheiten (z.B. Wind- und Wasserverhältnisse), die sich darin ausdrücken können, daß die Wahl des Ortes für diese Vorbereitungszeit an den Wettkampfort angepaßt wird. Insbesondere sollte das Training auch unter erschwerten Bedingungen, wie z.B. Wellenbildung durch Wind durchgeführt werden, um eventuell auftretenden Problemen während des Wettkampfs psychisch wie auch rudertechnisch begegnen zu können. Wenngleich Ernährung ein Thema ist, das die gesamte Saison bzw. den Trainingsprozeß begleiten sollte, dürfen in dieser Etappe spätestens keine Kompromisse mehr eingegangen werden.

2. Die kurzfristige Wettkampfvorbereitung

Die kurzfristige Wettkampfvorbereitung (ca. eine Woche) ist geprägt durch die Stabilisierung des Leistungsniveaus und/oder der Regeneration von vorausgegangenen wettkampfspezifischen oder intensiven Ausdauerbelastungen. Je nach Dauer und Charakter der vorausgegangenen Belastungen, dem Leistungsniveau der Ruderer und der Bedeutung des bevorstehenden Wettkampfs beträgt die Regeneration zwischen 3 – 6 Tage. In dieser Zeit erfolgt auch die psychische Einstellung auf die Hauptgegner; dies kann mit Hilfe von Film- und Videoaufnahmen geschehen, aber auch durch die Vermittlung einer realistischen Einschätzung der eigenen Leistungsfähigkeit, wie z.B. auf dem Hintergrund physiologischer Tests und der bisherigen Rennergebnisse. Spätestens zu diesem Zeitpunkt ist auch das Vertrautmachen mit dem Wettkampfgerät, dem im Rennen zur Verfügung stehenden Material (Ruder, Boot), aber auch der Regattastrecke erforderlich. Renntaktische Überlegungen werden in dieser Zeit aufgegriffen und mehrmals in ihren Alternativen angesprochen, wenngleich die Renntaktik in der unmittelbaren Vorbereitung (ca. 1,5 - 3 Stunden vor dem Rennen) erst festgelegt wird.

3. Die unmittelbare Wettkampfvorbereitung

In dieser Zeit, die z.T. geprägt ist durch organisatorische Maßnahmen (Waage, Überprüfung und Säubern des Wettkampfgeräts, Einstellen der Hebel an den Riemen oder Skulls), sollte der Sportler sich auf das Rennen konzentrieren und einstimmen. Das individuelle oder auch gemeinsame Durchgehen der Taktik, Absprachen über bestimmte Maßnahmen im Rennen und das Einrudern vor dem Rennen sind Themen dieser Einstellung, die mit einer Konzentrationsphase abgeschlossen wird. Startfieber, erkennbar daran, daß die emotionalen Reaktionen (z.B. Nervosität, Stimmungsschwankungen und Zerstreutheit) die mentalen überwiegen, wie auch die Startapathie (Angst vor dem Start, Trägheit, Gähnen) sind keine erwünschten Voraussetzungen für eine optimale Kampfbereitschaft, die durch eine leichte Erregung, freudige, etwas ungeduldige Erwartungshaltung gegenüber dem Wettkampf gekennzeichnet ist.
Bezüglich des zeitlichen Ablaufs in der unmittelbaren Rennvorbereitung (Rennen z.B. vormittags) soll die Aufstellung auf Seite 172 als Beispiel dienen.

4. Die spezifische Aufwärmarbeit vor dem Rennen

Setzt man voraus, daß sich der Ruderer bereits ca. 15 - 20 Minuten durch Einlaufen und gymnastische Übungen an Land etwas aufgewärmt hat, so genügt eine ca. 20 - 25 minütige spezifische Aufwärmarbeit. Sie besteht darin, daß die Ruderer ca. 2 - 3 km in geringer Intensität rudern (Kat. VI), darin eine Belastung von ca. 300 - 500 m in einem mittleren

Zeit/Boot	1 x	4 -	4 x	8 +
6.00	Aufstehen	für alle	——▷	——▷
7.00	Abf. Hotel	für alle	——▷	——▷
7.30	Rudern	Rudern		
7.45			Rudern	Rudern
8.45	Bootscheck			
9.00	Waage	Bootscheck	Rückfahrt	Hotel
9.15	Massage	Waage	Frühstück	
9.30				
10.00	Besprechung			
10.30	Wasser	Besprechung	Tribüne	Tribüne
11.00	Finale	Wasser		
11.30		Finale		

Streckentempo rudern, was zu einer deutlichen Steigerung der Herzfrequenz führt (ca. 155 - 165), die SF sollten – bei nicht allzu hohem Krafteinsatz – zwischen 26 und 28 betragen. Nach einer Pause, die mit sehr geringer Intensität gerudert wird, können etwa 2 x 10 Schläge mit submaximaler Geschwindigkeit (2 Schläge unter Rennfrequenz) eingebaut werden, wobei zu beachten ist, daß eine hinreichende Pause zwischen den Steigerungen und bis zum Start (ca. 3 - 4 Minuten) gegeben ist. Belastungen mit hohen Lactatkonzentrationen oder Anhäufungen sind vor dem Rennen unbedingt zu vermeiden.

Abb. 125: Konzentration am Start

Abb. 126: Start im Skiff

5. Taktische Modelle im Rennrudern

Geht man davon aus, daß sich annähernd gleichstarke Rudermannschaften im Rennen gegenüberstehen, dann ergeben sich nicht allzu große taktische Variationsmöglichkeiten. Bei einer deutlichen Überlegenheit eines Bootes von einer renntaktischen Variante - egal wie diese Mannschaft ihr Rennen einteilt - zu sprechen, verbietet sich. Durch physiologische und physikalische Einschränkungen ergeben sich unter dem Gesichtspunkt einer Rennoptimierung und der damit zusammenhängenden taktischen Möglichkeiten nur zwei Hauptvarianten:

1. Die Mannschaft versucht unter Berücksichtigung einer optimal hohen Streckengeschwindigkeit das Rennen über die anaeroben Kapazitäten durch Start- und Endspurt zu entscheiden.
2. Die Mannschaft versucht nach dem Startspurt, die Streckengeschwindigkeit bis zum Ziel zu erhalten; wobei dazu eine stufenmäßige SF-Steigerung erforderlich wird, um der physiologischen Ermüdung kontinuierlich entgegenzuwirken.

Unabdingbar ist die Fähigkeit, einen schnellen und über ca. 20 - 30 Schlägen dauernden Startspurt zu ziehen. Mannschaften, die hier bereits den Anschluß verlieren, haben auf hohem und höchstem Niveau kaum Gewinnchancen. Je nach der Ausprägung aerober oder anaerober Kapazitäten wird dann Variante 1 oder 2 eingesetzt. Spurts, als Schlagzahl- oder Druckspurts auf der Strecke können eine psychische Funktion haben, indem es z.B. einer Mannschaft gelingt, sich in einem Bord-an-Bord-Kampf leicht vor den Gegner zu legen, oder sie dienen als Übergangsmaßnahme zur Erhaltung (Erhöhung) der Geschwindigkeit bei Variante 2. Die Wahl der Taktikvariante ist in hohem Maße von den physiologischen und psychologischen Stärken und Schwächen einer Mannschaft abhängig.
Regatten sind auch immer gute Informationsquellen für Trainer und Ruderer. Die Beobachtung des Regatta- und Wettkampfgeschehens bzw. der eigenen und gegnerischen Mannschaften bezieht sich auf den gesamten Komplex der leistungs- und wettkampfbeeinflussenden Merkmale:

1. Die unmittelbare Wettkampfvorbereitung, wie z.B. die zeitliche Einteilung und die Formen der Aufwärmarbeit, der Vorbereitung des Sportgeräts und der Renntaktik.

2. Das spezifische und taktische Niveau der Regatta bzw. der gegnerischen Mannschaften.
3. Daraus lassen sich möglicherweise übergreifende Entwicklungstendenzen in den Bootsgattungen, Leistungsklasse, Taktik und Trainingsmethodik erkennen.
4. Geräteentwicklung, -behandlung, Boots- und Hebeleinstellungen.
5. Mannschaftsführung und -betreuung, Servicesysteme (z.B. physiotherapeutische Betreuung); Mannschafts- und Gruppendynamik.
6. Sportlertyp: Altersstrukturen der Mannschaften, Größe, Gewicht, Konstitution.

Abb. 127: Finale

Anhang

Anhang I, Seite 178:
Trainingssollwerte in den einzelnen Etappen

Anhang II, Seite 179:
Trainingsauswertung (Ist-Werte) eines Ruderers, aufgegliedert nach Etappen

Anhang III, Seite 180:
Leistungsdiagnostik Rudern - 3 Minuten Stufentest

ChampCalC-PeriodDataTab Jahresübersicht 88/89

Ideal '89

Renngewicht : 70.0 kg   Altersklasse A   (C) 1989 Björn Gehlsen

max. Ergometer-Leistung : über 370 Watt, mehrfacher WM-Teilnehmer   Berufsklasse : Schüler / Student

[Anzahl der Trainingseinheiten / Kategorie]

Periode	Wochen	Kategorien Wasser I	II	III	IV	V	VI	GLA int	GLA ext	Ergo int	Ergo ext	Kft	Son
VPA	9 Wochen von 39 bis 47	1	1	9	14	13	12	0	25	0	3	14	0
VPX	8 Wochen von 48 bis 3	0	0	9	6	14	12	0	15	2	6	17	1
VPS	8 Wochen von 4 bis 11	2	0	9	6	7	6	1	20	0	9	22	0
WPV	10 Wochen von 12 bis 21	9	19	11	8	20	14	0	11	2	6	13	0
WPS	7 Wochen von 22 bis 28	1	11	5	10	13	17	0	9	3	0	13	0
WMV	8 Wochen von 29 bis 36	3	5	7	9	17	24	1	6	0	0	14	0

[Trainingsumfang in Minuten / Kategorie]

Periode	Kategorien Wasser I	II	III	IV	V	VI	[G L A] int	ext	[Ergo] int	ext	[Kraft] min	Wdh	[Son] min
VPA	2	6	164	373	2745	1010	0	1270	0	275	938	15560	245
VPX	0	0	121	155	2102	1028	135	925	18	450	1195	16326	335
VPS	6	0	103	183	1714	714	45	1450	0	905	1430	17928	330
WPV	38	140	181	197	4075	1662	0	675	18	430	885	12164	90
WPS	7	79	49	284	2585	957	0	610	24	0	870	14780	105
WMV	14	37	119	288	2167	1846	30	1050	0	0	695	7492	0

[Trainingsumfang Wasser] [Kilometer / Boot] / [Periodenumfang]

Periode	1x	2x	2-	4x	4-	8+	Son	TE	min	km
VPA	0	0	0	0	0	0	0	92	7028	0
VPX	0	0	0	0	0	0	0	82	6464	0
VPS	0	0	0	0	0	0	0	82	6880	0
WPV	0	0	0	0	0	0	0	113	8391	0
WPS	0	0	0	0	0	0	0	82	5570	0
WMV	0	0	0	0	0	0	0	86	6246	0

ChampCalC-PeriodDataTab Jahresübersicht 88/89

Björn Gehlsen

Renngewicht : 71.0 kg   Altersklasse A   (C) 1989 Björn Gehlsen

max. Ergometer-Leistung : über 370 Watt, mehrfacher WM-Teilnehmer   Berufsklasse : Schüler / Student

[Anzahl der Trainingseinheiten / Kategorie]

		Kategorien Wasser I	II	III	IV	V	VI	GLA int	GLA ext	Ergo int	Ergo ext	Kft	Son
VPA	9 Wochen von 39 bis 47	1	1	5	10	24	2	1	11	1	4	15	1
VPX	8 Wochen von 48 bis 3	0	0	5	4	13	3	7	19	2	3	17	3
VPS	8 Wochen von 4 bis 11	2	1	6	7	14	7	1	4	1	7	23	0
WPV	10 Wochen von 12 bis 21	8	24	7	8	29	26	0	2	2	1	11	0
WPS	7 Wochen von 22 bis 28	2	10	3	10	20	15	0	3	1	2	9	1
WMV	8 Wochen von 29 bis 36	4	5	5	7	24	22	3	15	1	2	10	1

[Trainingsumfang in Minuten / Kategorie]

	Kategorien Wasser I	II	III	IV	V	VI	G L A int	G L A ext	Ergo int	Ergo ext	Kraft min	Kraft Wdh	Son min
VPA	10	10	69	299	2844	208	32	1117	60	190	1330	11547	367
VPX	0	0	56	102	1850	215	320	2071	12	215	1830	14970	757
VPS	10	8	70	205	2087	874	37	673	26	714	2066	14915	376
WPV	40	179	116	192	3914	2395	12	291	6	141	805	8805	356
WPS	8	69	45	248	2340	1485	0	402	18	46	850	11130	282
WMV	19	37	89	178	2946	1485	179	1684	9	51	550	3350	701

[Trainingsumfang Wasser Kilometer / Boot] [Periodenumfang]

	1x	2x	2-	4x	4-	8+	Son	TE	min	km
VPA	554	22	0	0	91	31	4	76	6536	702
VPX	271	0	89	0	47	40	0	76	7428	447
VPS	566	0	87	0	0	0	0	73	7146	653
WPV	704	372	0	224	0	0	0	118	8447	1300
WPS	603	16	0	209	0	0	0	76	5793	828
WMV	255	62	0	607	0	32	0	99	7928	956

Erreichte Laktatwerte und Herzfrequenzen:

Leistung Watt	Laktat mmo/l	Herzfrequenz 1/min	Schlagfrq. 1/min
1.Stufe: 205	1.4	140	22
2.Stufe: 255	1.6	158	25
3.Stufe: 305	2.4	169	28
4.Stufe: 355	5.4	180	30
5.Stufe: 425	6.5	188	39
1 min n.Bel.	7.2	141	
3 min n.Bel.	0.0	103	
5 min n.Bel.	6.9	102	

Bremskraft:	3.00 kp
Dauer der letzten Stufe:	1.0 Minuten
Relative Maximalleistung:	378 Watt
Ruderleistung an der AAS:	315 Watt
Herzfrequenz an der AAS:	171 /min

Die AAS entspricht 83 % der Maximalleistung.

Maximalleistung pro kg/Koerpergewicht: 5.11 W/kg.

Anmerkung:
Die hier angegebenen Lactatkonzentrationen werden elektrochemisch bestimmt. Sie sind dadurch niederiger (2,8 mmol/l entsprechen 4 mmol/l bei der photometrischen Methode).

Literaturhinweise

ADAM, K./LENK, H./NOWACKI, P./RULFFS, M./SCHROEDER, W.: Rudertraining. Bad Homburg 1977.

BIRKNER, W./FRITSCH, W.: Zur Bedeutung der Rudererergometrie als Auswahlkriterium bei Leichtgewichtsruderern. In: J.M. STEINACKER (Hrsg.): a.a.O., 304.

BIRKNER, W./JESCHKE, D./HEITKAMP, H.-C.: Auswirkungen eines „Wintertrainings“ auf Kraft- und Ausdauerkomponenten von Nachwuchsleistungsruderern. In: J.M. STEINACKER (Hrsg.): a.a.O., 325.

CARL, K./ STARISCHKA, S./ STORK, H.-M. (Hrsg.): Kraftausdauertraining. Hearing des Bundesinstituts für Sportwissenschaft und der Universität Dortmund. Köln 1989.

DI PRAMPERO, P.E./ CORTILI, G./ CELENTANO, F./ CERRETELLI, P.: Physiological Aspects Of Rowing. J. Appl. Physiol. 31, (6), 853.

FLORESCU, C.: Talents Identification in Rowing. Paper to be presented at the Olympic Solidarity Seminar, Canberra, Australia 1989.

FRITSCH, W.: Zur Entwicklung der speziellen Ausdauer im Rudern. In: FRITSCH, W./NOLTE, V.: Rudern. Trainingswissenschaftliche und biomechanische Beiträge. Beiheft zu „Leistungssport“ 1981, 26.

FRITSCH, W.: Trainingssteuerung im Rudern. Trainerjournal 80. Beilage zu „Rudersport” 10, 1985.

FRITSCH, W.: Die letzten Wochen vor dem Finale. Eine quantitative Analyse der Belastungsnormative ausgewählter Rudermannschaften im Spitzenbereich. In: Rudersport, Trainerjournal 82 (1986) 32, I - VI.

FRITSCH, W.: Handbuch für den Rudersport. Aachen 1988.

FRITSCH, W.: Zur Selektion und Führung von Nationalmannschaften - einige Erfahrungen und Erkenntnisse. In: J.M. STEINACKER (Hrsg.): a.a.O., 293.

FRITSCH, W. (Red.): Workshop Leichtgewichtsrudern. Protokoll. Brosch. 1989.

FRITSCH, W.: Praxis des Kraftausdauertrainings am Beispiel von Spitzenruderern der Leichtgewichtsklasse. In: CARL, K. u.a. (Hrsg.): a.a.O., 1989.

GALSTER, H./FRITSCH, W.: Zum Problem der Rahmenplanung und Selektion der Mannschaften im Spitzenrudern. In: J.M. STEINACKER (Hrsg.): a.a.O., 299.

HARTMANN, U.: Querschnittsuntersuchungen an Leistungsruderern im Flachland und Längsschnittsuntersuchungen an Eliteruderern in der Höhe mittels eines zweistufigen Tests auf einem Gjessing-Ruderergometer. Konstanz 1987.

HARTMANN, U.: Ausgewählte Ergebnisse von Kraft- und Kraftausdauerbelastungen im Rudern. In: CARL, K. u.a. (Hrsg.): a.a. O., 1989.

HILL, H.: Zur Struktur des Ruderschlages und der Rudertechnik. Aus Felduntersuchungen mit der Leichtgewichts-Nationalmannschaft 1988. In: FRITSCH, W. (Red.): a.a.O., 25.

HILL, H.: Zum Einfluß der Form des Kraft-Zeit-Verlaufs auf die Effektivität der Ruderbewegung. Man. 1989.

HILL; H.: Näherungsweise Betrachtung zur quantitativen Auswirkung unterschiedlicher Geschwindigkeitsverläufe auf Wasserwiderstand und Renngeschwindigkeit. Man. 1989.

HOLLMANN; W./HETTINGER, T.: Sportmedizin – Arbeits- und Trainingsgrundlagen. Stuttgart 1980, 2. Aufl.

HOWALD, H.: Leistungsphysiologische Grundlagen des Ruderns. In: J.M. STEINACKER (Hrsg.): a.a.O., 31.

JAKOWLEW, N.: Sportbiochemie. Leipzig 1977.

JENSEN, K.: Determination and Use of Anaerobic Threshold and Anaerobic Capacity in Rowing. In: FISA (Hrsg.): Bericht vom 17. FISA-Trainercolloquium, Limerick 1988.

KINDERMANN, W./URHAUSEN, A.: Möglichkeiten der Trainingsüberwachung im Rudersport. In: J.M. STEINACKER (Hrsg.): a.a. O., 55.

KÖRNER, T./SCHWANITZ, P.: Rudern. Berlin 1985.

KÖRNER, T.: Talent Identification and Guidance Scheme of the Rowing Association Of The German Democratic Republic (DRSV). Berlin 1989. Man. übersetzt von I. und R. Stocker.

LETZELTER, M. Trainingsgrundlagen. Reinbek 1978.

MADER, A./HOLLMANN, W.: Zur Bedeutung der Stoffwechselleistungssfähigkeit des Eliteruderers in Training und Wettkampf. Beiheft zu „Leistungssport“ 9 (1977), 8 - 62.

MARTIN, D.: Grundlagen der Trainingslehre. Teil I. Schorndorf 1977.

MARTIN, D.: Grundlagen der Trainingslehre. Teil II. Schorndorf 1980.

MARTIN, D.: Probleme und Fragestellungen der Trainingssteuerung bei der Ausdauerentwicklung. In: Leistungssport 15 (1985) 1, 7.

NABATNIKOWA, M.: Die spezielle Ausdauer des Sportlers. Berlin 1974.

NILSEN, T.: Vorbereitung der italienischen Nationalmannschaft für die Weltmeisterschaften. In: Rudersport, Trainerjournal 82 (1986) 32, VII - VIII.

NILSEN, T.: Aufbau und Entwicklung eines nationalen Hochleistungsprogramms im Rudersport. In: J.M. STEINACKER (Hrsg.): a.a.O., 18.

NOLTE, V.: Die Rudertechnik. In: RUDERSPORT 34 (1982), I - XII.

NOLTE, V.: Die Effektivität des Ruderschlages. Berlin 1985.

NOLTE, V.: Selektions- und Führungsformen ausländischer Spitzentrainer. Vortrag 05.11.1988 in München. Unv. Man.

SCHROEDER, W.: Rudern. Technik - Training - Taktik. Reinbek 1987, erstmals 1978.

STEINACKER, J.M. (Hrsg.): Rudern. Sportmedizinische und sportwissenschaftliche Aspekte. Berlin, Heidelberg 1988.

STEINACKER, J.M.: Methoden für die Leistungsdiagnostik und Trainingssteuerung im Rudern und ihre Anwendung. In: J. M. STEINAKKER (Hrsg.): a.a.O., 39.

ZINTL, F.: Ausdauertraining. Grundlagen, Methoden, Trainingssteuerung. München 1988.

ZINTL, F./HELD, F.: Struktur und Sinn eines modernen Krafttrainings. In: J.M. STEINACKER (Hrsg.): a.a.O., 197.

ISBN 3-89124-057-0
DM 29,80

Zu diesem Buch

Das vorliegende Handbuch wendet sich an Anfänger und Ausbilder in Rudervereinen, Schulen und Hochschulen, an Trainierende, Verantwortungsträger im Verein und all jene, die sich über die Vielfalt und Möglichkeiten der Sportart informieren wollen.

In anschaulicher Form werden praxisbewährte Methoden zur Anfängerausbildung, zur Vermittlung der Rudertechnik und zum Training dargestellt, die durch eine Übersicht und Beschreibung verschiedener Anwendungsbereiche des Ruderns, wie z.B. Rudern als Fitness-Sport, das Wanderrudern, aber auch das Grundlagentraining des jugendlichen Rennruderers ergänzt werden. Zahlreiche Hinweise zum Rudersport (z.B. über das Sportgerät des Ruderers, die Wettkampfregeln und Tips für das Rudern als Wettkampf- und Freizeitsport) runden das Handbuch ab.